어떤 일, 어떤 삶

03

젊은 만화가에게 묻다

―

작가의 이야기는 어떻게 독자를 사로잡는가?

인터뷰와 글. 위근우

남해의봄날

Contents

4 작가의 이야기는 어떻게 독자를 사로잡는가?

Prologue
6 주목 받는 창작 집단으로 성장한 한국의 만화가들
10 만화가가 되는 길

Story 01
12 난다 〈어쿠스틱 라이프〉
20 일상을 포착하는 만화가만의 시선
46 난다 작가의 휴재 기간 _ 집과 가족, 일상에 공격적으로 시간 쓰기

Story 02
50 이종범 〈닥터 프로스트〉
58 소년이 만화가가 되기까지
82 이종범 작가의 휴재 기간 _ 책장의 모든 만화책을 통독하다

Story 03
86 한지원 〈생각보다 맑은〉
94 순간의 장면이 살아 숨 쉬는 애니메이션의 매력
118 한지원 감독의 휴재 기간 _ 다양한 사람과 공간을 만나는 여행

122 Tip _ 만화가에게 영향을 준 '어떤' 텍스트

Story 04
- 128 김정연 〈혼자를 기르는 법〉
- 136 창작활동으로 삶과 마주한 젊은 작가
- 158 김정연 작가의 휴재 기간 _ 익숙함 속 변화를 찾는 일본 여행

Story 05
- 162 이동건 〈유미의 세포들〉
- 170 더 나은 사람이 되길 꿈꾸는 만화가
- 196 이동건 작가의 휴재 기간 _ 죽은 듯 휴식, 그리고 다음 작품 준비

Epilogue _ 선배에게 듣다
- 200 자신만의 길을 찾아가는 이 시대의 만화가들
- 204 단단한 필력과 연출력, 믿고 보는 만화가 윤태호에게 듣다

작가의 이야기는 어떻게 독자를 사로잡는가?

결국 불만과 콤플렉스에서 이야기가 시작된다.
이야기를 만드는 방식이든 누군가에게 설명하는 방식이든
내 안의 채워지지 않는 부분을 채워 넣으려는 욕구,
즉 콤플렉스가 이야기를 만드는 동력이다.
**동시대 서울에서 살아가는 사람들, 젊은 노동자들과
여성이 겪는 부조리와 불만족. 만화는 내가 이런
이야기를 하기에 가장 잘 어울리는 매체였다.**

〈혼자를 기르는 법〉 김정연 작가

**한 명의 인간으로서 '나'라는 개인을 유지하는 것에서 모든
이야기가 출발한다.** 그러나 어떤 사건에서 내가 겪은 슬픔,
즐거움, 분노를 만화에 그대로 표현하면 그건 사적인 일기와
다름없다고 생각한다. 한 발 멀리서 스스로를 살펴보고,
내 생각을 정돈해서 표현해야 나중에도 부끄럽지 않은 재미있는
이야기를 쓸 수 있다.

〈어쿠스틱 라이프〉 난다 작가

내 경우 꿈을 소재로 이야기를 만들곤 한다.
사람이 무언가를 추구할 때 표출되는 그만의 관점,
어떤 과제를 해결해 나가는 과정의 서사에 관심이
많다. 그러다 보니 동시대가 공유하는 고민에 대해
많이 생각한다. **바로 지금, 이 순간을 살아가는
사람들의 이야기를 알아야 현실감 있으면서도
나만의 개성과 세계관을 담은 애니메이션을 만들
수 있다.** 그런 퀄리티 높은 작품들을 하나둘 모아
애니메이션 시장을 만들고 싶다.

〈생각보다 맑은〉 한지원 감독

**다른 작업을 할 땐 잘 모르겠는데 만화를 그리고 있을
때는 '지금 당장 죽어도 이 대사는 남기고 죽겠네'라는
생각이 든다.** 나에게 스토리를 짜는 행위는 자존감의
보수 같은 거다. 나 자신이 가치 있는 존재라는 감정은
시간이 흐르며 자연스럽게 휘발되는데 그때마다 '나는
괜찮다'라고 스스로 말해 줄 필요가 있다.

〈닥터 프로스트〉 이종범 작가

영화 〈라라랜드〉의 '나도 역사를 다시 쓸래요'라는 대사를
좋아한다. **'좀 더 나은 사람이 될 수 있다', '나는 날 위해
살겠다'는 믿음으로 살아가고자 했고, 이러한 마음이 만화
속에도 자연스럽게 반영되는 것 같다.**

〈유미의 세포들〉 이동건 작가

Prologue

주목 받는 창작 집단으로 성장한 한국의 만화가들

책을 쓰거나 출판업에 종사하는 사람이라면 다들 알 것이다. 책의 프롤로그는 독자 입장에선 책의 첫머리에 만나는 글이지만, 저자 입장에선 바짝 물기를 짜낸 마른 수건처럼 모든 에너지를 쏟아 원고를 완성한 상태에서 마지막으로 한 번 더 물기를 짜내는 작업이라는 것을. 기력을 다 쏟아 내고 이젠 내가 무엇을 썼는지도 가물가물한 상태에서 '아, 이런 걸 쓰고 싶어서 시작했던 거지, 그런데 내가 정말 그런 걸 써내긴 한 건가' 수많은 회한과 반성, 자기변명이 작동하는 돌아봄의 과정이라는 것을. 다시 말해, 지금까지 했던 작업이 결국 무엇이었는지 저자가 비로소 깨닫는 과정이라는 뜻이다.

이 책 〈젊은 만화가에게 묻다〉는 〈젊은 기획자에게 묻다〉, 〈젊은 오너셰프에게 묻다〉에 이어 '어떤 일, 어떤 삶' 시리즈의 한 편으로 기획하고 시작했다. 이 직관적인 제목의 시리즈를 통해 현재 그 어느 때보다 관심을 받는 매력적인 직업, 만화가를 소개하는 작업은, 바로 그 때문에 일종의 균열을 품고 있다. '어떤 일, 어떤 삶'이라는 것은 어쩔 수 없이 각각의 분야에서 전문 직업인으로서 살기 위해 겪는 경험의 특수성을 담아내야 하지만, 또한 시리즈 안에서 일종의 통일성을 지녀야 했다. 그렇기에 당장의 제목에서부터 고민은 시작된다. 각각의 직업군 안에서 젊은 직업인이 어떤 포지션에서 어떤 역할을 담당하고 어떤 의미를 갖는지는 제각각 다르기 때문이다. 이 시리즈의 저자이자 일원이 되는 것을 덜컥 승낙한 뒤 스스로 질문할 수밖에 없었다. 왜, 젊은 만화가여야 하는가? 만화와 만화가에 관심을 가지는 이들에게 젊은 만화가의 현재는 어떤 의미를 지닐 수 있을 것인가?

개인적으로 현재 만화계, 좀 더 정확히는 인터넷 플랫폼의 부흥으로 엄청나게 거대해진 웹툰 시장의 가장 흥미로운 점은 젊은 창작자들이 특별한 준비 과정을 거치지 않고도 자신의 능력만으로 업계에 진입하고 평가 받고, 때에 따라선 부와 인기 역시 얻을 수 있는 것이라고 본다. 만화가가 되기 위해선 일정 이상의 도제 기간을 겪어야 했던 과거와 비교해 게임의 룰이 크게 달라진 것이다. 당장 이 책의 인터뷰이인 이종범, 난다 작가처럼 30대 중후반에 속하는 이들은 벌써 웹툰계의 상당한 선배이자 중추가 되었으며, 김정연 작가처럼 20대 작가로서 본인의 세대가 가진 특수성을 작품 안에 담아내며 강력한 공감과 지지를 이끌어 내는 이들도 있다. 내가 이해한 젊은 만화가란 오랜 시간 안정적으로 지속된 만화계에서 자기 차례가 되어서 나타난 이들이라기보다는, 새로운 플랫폼과 시장에서 자신들이 직접 룰을 만들고 또 그 룰을 폐기하거나 확장하며 능동적으로 자신의 직업을 정의하고 있는 이들에 가깝다.

하지만 앞서 말했듯 이 시리즈 안에는 어느 정도의 균열이 내재되어 있었다. 출판사 입장에선 다양한 삶의 양태를 보여 주기 위해 현재 대세라고 할 웹툰 플랫폼뿐 아니라 그 바깥에서 활동하는 만화가 또는 애니메이션 종사자들도 이야기하길 바랐고, 나 역시 저자이자 인터뷰어로서는 그 바람에 공감했다. 하지만 이 직종 안에서의 '젊음'이라는 공통분모가 그저 비슷한 나이대의 합집합에 머물러서는 안 된다고 생각했다. 특히 장르에 상관없이 실력 있는 작가 다수가 웹툰 시장으로 흡수되는 상황에서 내가 흥미를 느끼는 작가 대부분은 어쩔 수 없이 웹툰 작가로 소급했다. 시간이 꽤 걸렸지만 서로의 생각을 공유하며 의논한 끝에 지금 이 책에 실린 만화가들의 이야기를 하게 되었다.

아마 직업으로서의 만화가를 꿈꾸는 이들에게 이 책에 담긴 인터뷰가 당장의 데뷔 방법, 성공 비법을 말해 주진 못할 것이다. 그보다 중요한 건, 과연 이 직업의 상세한 형태는 어떤 모습인지 좀 더 넓고도 선명하게 보여 주는 것이리라 믿는다. 많은 사람들이 잘 안다고 생각하지만 정작 그 이해도는 너무 낮은 직업 중 하나가 만화가이기에 더더욱 그렇다. 인터뷰라는 형식을 빌리고 있지만 각각의 인터뷰이가 지닌 현재적 맥락을 이해하고 또 독자들에게 전달하기 위해서는 그들의 의도와 별개로 존재하고 해석되는 작품의 의미에 대해 비평적인 입장을 더할 수밖에 없었다. 어떤 일이든 그 일을 '어떻게 하느냐'는 직업인의 입장과 실제로 그 일이 '어떻게 진행되었느냐'는 냉정한 해석 사이에서 비로소 그 의미와 의의가 명료해진다.

비록 작가들을 주인공으로 한 매끈한 성공 서사는 아니지만 그렇기에 이 직업에 대해 좀 더 다각적으로 이해할 수 있을 것이다.

젊은 만화가들에게 질문하고 또 들을 수 있었던 것은 '만화란 무엇인가', '만화가란 무엇인가'라는 이야기는 아니다. 오히려 이들과의 대화는 만화 그리고 만화가가 어떤 본질로 고정될 수 없다는 것, 동시대의 여러 맥락 안에서 작가들이 위치한 포지션에 따라 의미가 확장되거나 변화한다는 것을 증명해 주었다. 결과적으로 이 책에서 말하고자 한 '젊음'이란 숫자로서의 나이도 아니고, 청춘의 열정도 아니며, 바로 그들의 작품과 작업 방식 안에 투영되는 동시대성이다. 지금 만화가가 만화라는 미디어에 대한 호감을 넘어 그 어느 때보다 큰 인기와 관심의 대상이 된 건, 이처럼 동시대성에 예민하게 반응할 수 있는 유연한 창작 집단이기 때문일 것이다.

프롤로그를 쓰는 지금에서야 이 책에 대해 제대로 정리된 소개를 할 수 있을 것 같다. 이 모든 작업은 결국 '왜 젊은 만화가에게 물어야 하는가?'에 대한 대답이다. 이 책이 단순히 촉망 받는 젊은 만화가들의 인터뷰를 모은 합집합이 아닌, 젊은 만화가라는 키워드를 통해 지금 이곳에서의 만화가라는 '어떤 일, 어떤 삶'을 비춰 낸 작업이길 바란다.

만화가가 되는 길
정답은 없다, 선택이 있을 뿐

21세기의 만화가는 어떻게 데뷔하는가. 좀 더 정확히 말해 웹툰 작가는 어떻게 작가의 타이틀을 가지고 연재를 시작하는가. 프로 웹툰 작가로 데뷔하는 꿈을 키우는 아마추어뿐 아니라, 웹툰 작가에 호기심을 갖는 일반 독자들도 궁금해하는 것 중 하나다. 웹툰 플랫폼에서 아마추어 작가를 대상으로 입사 지원을 받는 것도 아니고, 태권도처럼 공인된 기관에서 입단 혹은 승단 시험을 볼 수 있는 것도 아니다. 그렇다면 저 많은 플랫폼, 그리고 그보다 몇 백 배 많은 작품의 작가들은 다들 어떻게 그 자리에 올 수 있었을까? 그 궁금증을 위해 만화가로 데뷔하는 몇 가지 길을 소개한다.

1. 포털 아마추어 게시판

가장 많은 아마추어 작가들이 선택하는 방식이다. 네이버의 '도전 만화', 다음의 '웹툰 리그'에서 직접 연재를 시작해 그 작품이 인기를 얻으면 네이버에선 '베스트 도전', 다음에선 '웹툰 리그' 2부 리그에서 1부 리그로 올라간다. 인기작이 되는 경우 데뷔 전에도 고정 독자와 팬덤을 확보할 수 있다는 장점이 있으며, 각 포털 웹툰 담당자 역시 자사 게시판에서 독자 반응이 좋은 작품들을 선별해 데뷔시키는 만큼 가장 정석의 방식이라 할 수 있다. 네이버 웹툰의 전설인 조석 작가의 〈마음의 소리〉가 네이버 '도전 만화'에서 인기를 얻어 정식 연재된 경우이며, SIU 작가의 〈신의 탑〉도 다음 아마추어 게시판(웹툰 리그 운영 이전)에서 연재하다가 네이버에서 정식으로 연재됐다. 현재 네이버 웹툰 최고 인기작 중 하나인 전선욱 작가의 〈프리드로우〉는 '베스트 도전' 시절부터 정식 연재를 하면 1~2위가 가능한 수준이라는 평가를 얻었을 정도로, 포털 아마추어 게시판 인기 작가는 데뷔 전부터 독자와 플랫폼의 주목을 받는다. 다만 워낙 경쟁이 치열하고 정식 연재가 아님에도 독자와 인기 관리를 위해 정기적으로 업데이트해야 하는 경우가 많아 부담이 큰 것도 사실이다.

2. 공모전

포털 아마추어 게시판만큼 잘 알려진 데뷔 방식이다. 다음, 네이버 같은 포털 뿐 아니라 레진코믹스, 미스터블루 등 여타 일정 규모 이상의 플랫폼에서는 1년에 한 번꼴로 정기적으로 공모전을 연다. 다음에선 '다음 온라인 만화 공모대전', 네이버에선 각 학교 만화 애니메이션 학과 학생들을 대상으로 독자 투표에 기반한 토너먼트 방식으로 '네이버 대학만화 최강자전'을 여는데, 2017년부터는 지원자를 대학 전공자로 한정하지 않고 '네이버 최강자전'을 진행하고 있다. 제4회 '다음 온라인 만화 공모대전' 대상을 받았던 디디 작가의 〈아귀〉, 제1회 '네이버 대학만화 최강자전'에서 처음부터 압도적인 인기를 끌었던 강지영, 현예지 작가의 〈Oh! My God〉 등이 공모전을 통해 해당 플랫폼에서 연재된 대표 작품들이다. 이 밖에 문화체육관광부와 한국만화영상진흥원이 함께 개최하는 '대한민국 창작만화 공모전' 역시 오랜 전통을 지닌 공모전으로, 여기에서 수상하는 작품들의 경우 네이트나 케이툰(옛 올레마켓웹툰), 미스터블루 등의 플랫폼에서 연재된 바 있다.

3. 작은 사이트 연재

소위 알 만한 유명 플랫폼이 아니더라도 만화를 연재하는 사이트에 연재를 한 경험이 있으면 좀 더 유리하게 포털에 접근할 수 있다. 이 책의 인터뷰이인 이종범 작가가 그런 경우로, 다양한 사이트에 연재 제안을 하다가 스포츠신문 사이트인 스투닷컴에서 〈투자의 여왕〉을 연재하게 되었고, 그 경력 덕에 네이버 웹툰 담당자에게 직접 자신의 작품 기획과 완성된 작품 일부를 보여 주고 피드백을 받을 수 있었다. 만화가를 꿈꾸는 소년들의 이야기를 다룬 만화 〈바쿠만〉에서 주인공인 모리타카와 다카기가 만화 잡지 〈소년 점프〉의 편집자 핫토리의 조언을 받고 계속 새로운 기획을 내다가 정식 연재까지 간 것처럼, 전문가이자 연재작을 고르는 입장인 담당자의 피드백을 직접 받을 수 있다는 것은 굉장히 유리한 점이다.

4. 인터넷 커뮤니티 연재

포털 아마추어 게시판이 아니더라도 많은 인터넷 유저가 볼 수 있는 게시판에서 인기를 얻어 연재를 시작하는 방식도 있다. 이 방식으로 가장 유명한 사례는 디시인사이드에 '불타는 버스'를 올려 엄청난 인기를 끌고 결국 야후를 거쳐 네이버까지 진출한 〈이말년 시리즈〉의 이말년 작가다. 이 책에 실린 난다 작가의 경우, 아마추어였던 시기 본인의 홈페이지에 〈어쿠스틱 라이프〉를 연재했지만, 해당 작품을 인터넷 커뮤니티인 루리웹에 올린 것을 다음 웹툰 담당자가 보고 연락을 취해 정식 연재를 하게 됐다.

5. 블로그 연재

자기 블로그에 조용히 연재하던 작품이 입소문을 타서 웹툰 플랫폼 담당자들이 직접 연락을 취하는 경우도 있다. 가장 대표적인 것이 〈수업시간 그녀〉의 박수봉 작가로, 독특한 그림체와 잔잔하면서도 공감 가는 스토리에 독자들뿐 아니라 프로 작가들 사이에서 입소문이 퍼졌고, 결국 네이버를 통해 데뷔했다. 이와는 조금 다르지만 〈역전! 야매요리〉의 정다정 작가 역시 본인 블로그에 코믹하게 요리 포스팅을 하던 것을 본 네이버 웹툰 담당자가 만화와 결합한 포토툰 형식으로 연재를 해 보자고 제안해 단박에 인기 작가로 부상한 바 있다.

6. SNS 직접 연재

2017년 '오늘의 우리만화'를 수상한 수신지 작가의 〈며느라기〉는 여러모로 웹툰 연재와 플랫폼의 관계에 대해 가장 근본적인 질문을 하게 만들었다. 거대 플랫폼의 힘을 빌리지 않고 페이스북과 인스타그램 계정 연재만으로 엄청난 조회수를 기록 중인 이 작품은 소셜 네트워크 시대에 작가가 꼭 플랫폼을 거쳐 독자를 만나야 하느냐는 질문을 던진다. 물론 〈며느라기〉의 수신지 작가는 이미 프로 작가이고, 〈며느라기〉가 그 조회수와 화제성과는 별개로 따로 수익이 발생하는 것은 아니지만 이제 중간 매개 없이 작가가 독자를 직접 만나 인기를 얻고 그 작품으로 수상까지 가능해졌다는 점에서, 데뷔라는 개념의 패러다임을 완전히 바꿀 수도 있다. 가령 아마추어가 〈며느라기〉 수준의 작품을 소셜 네트워크 계정을 통해 연재해 독자의 인기를 끌고 자체 수익을 만들어 낸다면 그것을 정식 연재가 아니라고, 그건 데뷔가 아니라고 말할 수 있을까? 웹툰 시대가 출판 만화 시절보다 젊은 작가군의 데뷔를 훨씬 앞당겼다면, 소셜 네트워크 시대는 데뷔라는 개념 자체를 지워 버릴 수 있을지도 모른다.

Story

난다
〈어쿠스틱 라이프〉

난다

만화 키드 시절, 함께 만화를 그리던 동아리 선배들에게 일상을 소재로 한 만화를 재밌게 그린다는 평가를 받았지만 흘려들었다. 작가 스스로도 좋아하던 〈소마신화전기〉 같은 극화 타입 만화만이 데뷔할 수 있는 시절이었다. 20대 초반, 순정 만화를 그려야 데뷔에 유리하다는 이야기를 듣고 카페나 고양이 등을 소재로 한 만화를 출판 공모전에 두세 차례 냈지만 반려됐다. 특히 한 출판사 담당자는 데뷔를 위한 만화를 그리고 있다는 걸 정확히 지적했다. 생계를 위해 차선책으로 일러스트레이터가 되어 나름 안정적인 생활을 할 수 있었지만 아는 사람이 데뷔를 하거나 좋은 만화를 접할 때마다 좌절감을 겪어야 했다. 그러다 자신과 남편 한군의 코믹한 일상을 담은 〈어쿠스틱 라이프〉를 본인 홈페이지에 연재하기 시작했다. 남편의 권유로 인터넷 커뮤니티에도 만화를 올렸고 이를 본 포털 다음에서 연재를 제의했다. 시즌을 거듭하며 두 사람 사이에는 새로운 가족이 생겼고, 그의 '어쿠스틱 라이프'는 여전히 진행되고 있다.

어쿠스틱 라이프

난다 작가가 일상에서 겪는 에피소드를 담은 〈어쿠스틱 라이프〉는 많은 이들이 결혼을 소재로 한 작품으로 받아들인다. 작가 본인은 단지 자신의 삶에서 파트너인 남편과 함께하는 비중이 높아서 둘 사이의 에피소드가 많은 것일 뿐 결혼 만화는 아니라고 하지만, 이 만화를 통해 많은 사람들이 한국에서도 재밌고 유쾌한 결혼 생활이 가능하다는 것을 확인하고 희망을 느낀 것을 부정하긴 어렵다. 만화가 난다와 게임 개발자 한군은 종종 농담을 주고받고 때로는 시니컬한 말싸움을 하며, 일상의 수많은 순간을 공유하고 즐긴다. 엄청나게 웃기거나 극적인 사건은 없지만 서로 웃고 떠들고 다투고 화해하는 소소한 일상은 그 자체로 삶의 안정적인 분위기를 만들어 낸다. 각각의 에피소드마다 따라오는 작가의 성찰적인 내레이션을 차치하더라도, 이 만화의 장면 장면이 기분 좋은 힐링을 선사하는 건 그 덕분일 것이다. 난다와 한군, 그리고 가끔 난다의 동생 토깽이 만들어 가던 일상의 풍경은 이후 시즌 8 '가족의 탄생' 에피소드에서 두 사람의 딸 쌀이가 등장하며 더욱 풍성해졌다. 쌀이의 행복한 유년기를 기원하며 작품을 유료 결제하는 '랜선 이모'들의 등장은 덤.

내 이름은 난다.

o 하는 일: 그림그리기, 만화그리기
o 좋아하는 것: 케익, 쇼핑
o 싫어하는 것: 간보는 남자, 다가서면 멀어지는 남자
o 자주하는 말: 언니 이거 교환 환불 가능한가여?

〈처녓적 난다〉

생각해봐. 지구에 아름다운 곳이 이렇게나 많은데다 비행기가 있는 시대에 태어났는데, 우리 동네만 보고 가는건 너무 아깝잖아.

니 다음 게임 배경이 설산이니까 가서 자료사진도 찍고 경사경사 자아도 찾아오고.

...찾을 수... 있을까...?

©난다

224. 딸은 나를 너무 사랑한다.

일이 끝났을 때도

일상을 포착하는
만화가만의 시선

웹툰의 역사를 하나의 책으로 정리한다면, 소위 '일상툰'이라 불리는 장르의 등장은 가장 중요한 챕터 중 한자리를 차지한다. 아직 포털이 본격적으로 웹툰 서비스를 시작하기 전, 스노우캣 작가의 〈스노우캣〉, 정철연 작가의 〈마린블루스〉 같은 일상툰이 웹을 기반으로 연재하며 인기를 끌어 웹툰의 기반을 만든 것 또한 중요한 이유일 것이다. 이들 작품은 기존 출판 만화에선 보기 어려웠던 다분히 개인적이고 사소한 사건들과 정서를 소재 또는 주제로 삼아 새로운 시대의 독자들에게 공감을 이끌어 냈다. 이것은 이후 조석과 이말년 작가로 대표되는 황당 개그물의 대두만큼이나 웹툰과 기존 만화를 구분하는 중요한 단층이다. 조금 과장해서 말하면, 이러한 일상툰의 등장은 웹툰이 다분히 21세기적인 예술이라는 것을 증명하는 중요한 예시다.

'일기는 일기장에'라는 말도 있지만, 사적인 고백에 가까운 일상물은 대중을 상대로 한 창작물에 어울리지 않는다는 것이 1990년대 이전까지의 중론이었고, 또한 서사의 재미 요소가 부족하다는 한계도 명확했다. 하지만 실제로 일기를 쓰듯 자신의 일상과 그에 대한 단상을 감각적으로 표현한 1세대 일상툰 작가들의 작품에 새 시대의 독자들은 과거 소년 만화나 순정 만화 시절과는 다른 공감을 느낄 수 있었다. 이들 초기 일상툰의 승리는 웹툰의 주요 특징인 자유분방한 소재와 정서, 연출에 있어 매우 중요한 밑바탕이 된 셈이다.

당연히 포털의 웹툰 서비스가 활성화된 이후에도 일상툰은 하나의 주요 장르로서 그 명맥을 유지해 갔다. 물론 변화는 있었다. 초기 일상툰의 주역이었던 서나래 작가의 〈낢이 사는 이야기〉는 시즌제로 연재하며 과거 학생이었던 작가의 연애부터 결혼 생활까지 담아냈으며, 그 이후 세대라 할 수 있는 〈나이스진타임〉의 김진 작가는 올케와 자신의 관계를 다룬 〈아랫집 시누이〉, 남자친구와의 관계를 다룬 〈오늘 밤은 어둠이 무서워요〉처럼 자신의 일상을 관계에 따라 분류해 서로 다른 타이틀의 일상툰을 내기도 했다. 서나래와 김진, 정철연 작가처럼 오랜 시간 일상툰을 그리며 팬덤을 형성한 작가가 아니라면 김양수 작가의 〈생활의 참견〉처럼 끊임없이 새롭고 웃긴 사연을 채집하거나, 고퀄리티 작화와 연출로 별거 아닌 것 같은 일상에 박력과 재미를 부여하는 가스파드 작가의 〈선천적 얼간이들〉 방식으로 변별력을 가져가야 한다. 자신의 이야기와 단상을 감각적이고 위트 있게 그려 내는 것만으로 신선하게 받아들여지던 시기는 지났다.

일상툰, 내면의 풍경을 그리다

앞서 말한 '일상툰'이라는 챕터에서 〈어쿠스틱 라이프〉의 난다 작가의 등장을 또 하나의 실패한 소챕터로 지정해야 하는 건 그래서다. 그는 현재 가장 인기 있는 일상툰 작가 중 한 명이지만, 개인 너머로 이야기를 확장해 가는 최근의 경향과 달리 여전히 개인 안으로 파고든다. 제목 〈어쿠스틱 라이프〉처럼 그가 다루는 것은 작가 본인과 남편 한군이 함께하는 일상의 소소한 풍경과 그 풍경을 보고 느끼는 자기 내면의 풍경이다. 물론 주요 에피소드 대부분이 결혼 생활에 대한 것이고, 아이를 낳고 난 뒤엔 육아 이야기도 늘어났지만, 그 모든 것의 중심은 결국 이 일들을 겪는 자신이다. 즉 그의 만화는 자신이 무슨 재밌는 일을 겪었느냐보다는, 이 일들이 내게 어떤 의미냐는 것에 방점을 찍는다. 스스로 "전략적으로 타깃을 설정하고 그들이 원하는 것을 기획해 그리는 건 못할 것 같아요. 우선 저 스스로 스트레스를 너무 심하게 받을 거고, 저 역시 독자로서 만화를 볼 때 '사람들이 이런 얘기하면 좋아하겠지'라는 의도가 보이면 불쾌감을 느끼기 때문에 하고 싶지 않아요"라고 말하는 그는 과연 어떻게 '나'에 집중한 이야기로 남의 공감을 이끌어낼 수 있을까?

거듭할수록 깊어지는 성장의 기록

인터뷰를 진행하던 당시 난다 작가는 약 8개월 만에 〈어쿠스틱 라이프〉 시즌 11로 복귀했다. 전 시즌에서 정수리의 머리카락 세 올로 표현되던 딸 쌀이가 시즌 11에 이르러 덥수룩한 검은 머리칼의 다섯 살 아이로 그려졌다는 것만으로도 이번 시즌의 결이 바뀔 걸 짐작할 수 있었다. 연재 초기 남편 한군과의 유쾌한 일상을 그리며 결혼 일상 만화로 분류됐던 〈어쿠스틱 라이프〉는 시즌 8 첫 에피소드 '가족의 탄생'에서 새 식구 쌀이가 등장하며 육아라는 결을 포함하게 됐다. 그리고 시즌 10은 내 아내의 표현을 빌리면 '본격 육아 영업' 시즌이었다. 엄마인 난다 작가에게 강한 애착을 보이는 쌀이의 모습을 그린 '딸은 나를 너무 사랑한다' 편처럼 작가와 아이의 강력한 정서적이고도 물리적인 유대를 그린 에피소드도 좋지만 세상의 모든 게 신기한 아이에게 삶의 지식을 하나씩 전수해 주는 즐거움을 그린 '갈색 머리 앤' 편은 육아의 경이로움을 보편적으로 납득할 수 있게 해 줬다. 그래서 궁금할 수밖에 없었다. 과연 시즌 11은 어떻게 달라질 것인가. 좀 더 정확히 말해 그는 남들이 보기엔 동일해 보이는 육아라는 과정에서 어떤 다른 결을 느끼고 있을까? 또는 느낄 수 있을까?

"저번 시즌에는 육아에 대해 이야기할 게 많았다면, 지금은 부모로서 인생의 어떤 한 지점을 지나가는 그런 느낌이에요. 시즌을 완결하고 쉬는 것도 좋지만, 한 3~4개월 정도 그림을 안 그리니 그때부터 계속 분출하고 싶은 욕구가 생기고, 6개월쯤 되니까 빨리 뭔가 말하고 싶은 마음이 생기더라고요. 이미 지난 것을 얘기하는 건 재미없기도 하고, 지금 이 생활이 한창 재밌다고 느낄 때 빨리 그리고 싶어서 복귀한 것도 있어요."

그가 "한창 재밌다고" 느낀 부모로서의 새로운 경험은 시즌 11의 세 번째 에피소드인 '엄마 2기'에서 잘 드러난다. 여기서 난다 작가는 딸과 함께 수족관의 오징어를 보며 이런저런 잡생각을 하다가 아이 사진을 찍느라 바쁘지 않고 이처럼 순수한 잡생각에 빠진 게 얼마 만인지 떠올리며 "늘 아이라는 나라 안에 속해 있는 기분"에서 "마음 속 아주아주 쬐끄만 섬 하나가 독립에 성공한 것" 같은 기분을 느낀다. 정확히 말해 이것은 직관적으로 느꼈다기보다는

어찌나 우주 만물에 일일이 다 놀라워하는지

낯설 정도로 오랜만에,
내 세상에 나 밖에 없었다.

지금껏 나는 아이가 곁에 없을 때조차
늘 아이라는 나라안에 속해있는 기분이었다.

하지만 오징어 잡생각을 하던 그 순간엔
내 마음 속 아주아주 쬐끄만 섬 하나가
독립에 성공한 것처럼 느껴졌다.

©난다

아주 짧은 경험에서 그 의미를 연역하며 탐구한 것에 가깝다. 해당 에피소드에서 다섯 살이 된 딸은 전보다 말을 안 듣는 모습을 보여주는데 그 자체만 두고 보면 재밌는 사건은 아니다. 대신 난다 작가는 그런 상황들의 조합 안에서 한결 느긋해진 중급 엄마로서의 자신을 발견하고 또 독자에게 설명한다. 그리고 이를 통해 모성애라는 이름으로 자신에게 부과하던 "근거 없는 죄책감과 싸우는 일이 적어졌다"고 자신의 변화와 성장의 기록을 남긴다. 작가로서의 성실함 이전에 자기 인생을 사는 사람으로서의 성실함이 있어야 가능한 지점 아닐까?

"아이가 하나라 더 자라면 지금 이 순간에만 느낄 수 있는 걸 다시는 경험하지 못할 거 아니에요? 학교에 다니기 시작하면 어느 정도 자기의 삶을 산다고들 하고. 그렇기 때문에 지금 이 순간을 최대한 즐기려고 하는 것 같아요."

사적인 일기가 아닌 작품으로서의 일상툰

〈어쿠스틱 라이프〉를 포함해 '일상툰'은 많은 경우, 사건의 힘에 의지한다. 〈선천적 얼간이들〉의 가스파드 작가는 "소원을 들어주는 램프가 있다면 일주일에 한 번씩만 재밌는 일이 일어나게 해 달라고 하고 싶다"고 했을 정도다. 당연하다. 만화는 재밌어야 한다. 하지만 난다 작가는 사건의 특별함으로 재미를 끌어내기보단, 소소한 일상의 순간순간을 최대한 열심히 즐기고 느끼고 붙잡아 그 경험의 섬세한 결과 요철을 짚어 내 서사의 재미를 이끌어 낸다. 모든 일상툰 작가에게 요구되는 덕목인 관찰력을 그는 자신의 바깥뿐 아니라 내면으로도 투영한다. 세상을 열심히 관찰하고, 세상을 관찰하는 나 역시 관찰한다. 그는 가장 큰 영향을 받은 작가로 무라카미 하루키를 꼽는다.

"하루키의 〈작지만 확실한 행복〉 같은 에세이들을 좋아해요. 그냥 스쳐 지나갈 경험들에 대해 많이 생각하고, 또 불행으로 생각할 수 있는 것들을 행복까진 아니더라도 흥미로운 걸로 받아들이더라고요. 낙관적이라기보다는 자기 경험에 감정적으로 매몰되지 않고 조금 떨어져서 볼 줄 아는 거? 과연 내가 느낀 감정이 온당한가, 그런 생각이요."

우리는 이런 것을 흔히 성찰이라고 부른다.

〈어쿠스틱 라이프〉를 볼 때마다 '일상툰' 작가로서 난다 작가의 가장 큰 강점은 균형 감각이 아닐까 싶을 때가 있다. 일상툰은 본질적으로 독자에게 어느 정도 동경 받는 삶을 그려 내야 하지만 또한 그것이 공감의 끈을 끊어 버릴 정도로 멀리 나가선 안 된다. '와, 저 사람의 인생은 재밌구나'라는 감정과 '저 사람의 삶도 나와 크게 다르지 않네'라는 얼핏 보면 이율배반적인 두 가지 감정을 충족시키는 것이 중요하다. 〈어쿠스틱 라이프〉가 좋은 건 대부분 가족과의 재밌는 에피소드를 담아내지만 으스대지 않고, 세상 앞에서 겸손한 태도를 보일 때도 비굴해 보이진 않는다는 것이다. 이에 대해 난다 작가는 굉장히 단순하지만 핵심을 건드리는 조언을 한다.

"스스로 '난 행복해'라고 말하는 건 괜찮아요. 하지만 '내가 너보다 행복해'라고 말하는 건 잘못인 것 같아요. 이걸 해야 진정한 행복을 알지, 이런 것들 말이에요."

이렇게 명료한 정리라니. 결혼 생활은 즐거운 일이지만, 내가 비혼자들보다 즐거운 건 아니다. 육아는 행복하지만 내가 아이 없는 부부보다 행복한 건 아니다.

"사실 저는 아이가 없을 때 아이 있는 사람들을 보면서 진짜 힘들겠다, 난 둘이라서 너무 행복하다고 느낀 적이 있었어요. 그런데 아이를 낳고 나니까 아이와 함께하는 행복이 있는 거죠. 그러고 나니까 '그냥 나는 그런 인간이구나, 자기 상황이 제일 행복하고 남들에게 있는 걸 불행의 요소로 보는구나' 싶었죠. 그래서 더더욱 조심해야겠다는 생각이 들었고요. 사실 육아가 행복하기만 한 일이라고 하는 건 말이 안 되거든요. 얼마나 힘든데."

어떤 겸양의 말을 한다고 해도 작품 속 한군 캐릭터는 한국에 흔치 않은 자상하고 유머러스한 남편이 맞다. 가부장적인 성역할에 크게 얽매이지 않고, 아직 데뷔하기 전의 난다 작가를 응원해 왔으며, 무엇보다 애교가 많다. 하지만 난다 작가는 그러한 남편이 만들어 내는 귀여운 풍경을 그려 내면서도, 이토록 섬세하고 이성적인 사람과 함께 사는 고충 역시 놓치지 않는다. 가령 난다 작가가 데뷔하기까지 물심으로 돕는 것도 한군이지만, 그 과정에서 난다 작가의 헛바람을 잡겠다며 사정없는 독설을 날리는 것도 한군이다. 애교가 많지만, 또한 그만큼 애교에 대한 반응이 부족하면 시무룩해진다. 마찬가지로 딸을 키우는 건 자신을 무조건 사랑해 주는 생명체를 만나는 일이기도 하지만, 어느 순간 미운 다섯 살을 경험하는 일이기도 하다. 단순히 작품 안에 좋은 것과 나쁜 것 6대 4, 7대 3의 비율을 맞추는 문제만은 아니다. 자신의 삶을 남과 비교하며 으스대는 것뿐 아니라, 남과 비교하며 자학하는 것도 어떤 면에선 자기중심적인 세상에 갇힌 것이다. 그들은 타인의 즐거움이나 고통에 관심이 없다. 물론 그렇다고 일상툰에서 일일이 타인의 즐거움과 고통까지 잡아내 그릴 수는 없다. 앞서 말했던 성찰적인 태도가 중요해지는 건 바로 이 지점이다. 자기 생활의 즐거움을 이야기하며 억지로 있지도 않은 불행을 이야기할 필요는 없다. 해서도 안 된다. 다만 자신의 삶을 한 발 떨어져 관조할 수 있다면 거의 필연적으로 그 상황의 좋은 점과 나쁜 점이 좀 더 선명한 윤곽을 드러내기 마련이다. 이것은 또한 작품으로서의 '일상툰'과 일기를 가르는 실팍한 분리선 중 하나다.

"어떤 사건을 겪을 때 내가 화가 나거나 슬픈 것, 즐거운 것, 그런 감정이 먼저잖아요. 그걸 그대로 만화에 표현하면 그건 일기 같은 거라고 봐요. 하지만 내가 왜 그 감정을 느꼈는지, 이 사건의 총체적인 맥락은 무엇인지 파악해서 그리면 '이야기'가 되는 것 같아요."

혼자 읽을 일기는 자기 자랑이어도 된다. 세상 가장 불행한 사람의 자기 연민 가득한 고백이어도 좋다. 그렇게 자기만의 세계를 만들어도 된다. 하지만 작품으로 독자와 만나는 작가라면 자신이 그리고 있는 것이 세상 안에서 어떻게 만들어졌는지, 어떤 의미를 갖는지 알아야 한다. 행복이든 불행이든.

창작의 자유와 정치적 올바름

사실 창작에 있어 정치적 올바름을 어디까지 고민하고 또 어디까지 책임져야 하느냐는 것은 굉장히 어려운 이야기다. 어떤 대상을 희화화하며 웃음을 만들어 낼 때, 어떤 종류의 악덕이나 선의에 대해 묘사하거나 평가할 때, 가치중립적이지 않은 대사를 써야 할 때, 과연 작가는 얼마나 올바를 수 있을 것인가. 또한 그런 작품이 재밌을 수 있을 것인가. 창작의 자유를 해치지는 않을 것인가. 다시 말하지만 어려운 이야기다. 특히 가상의 서사로 우회하지 않고 거의 직접적으로 독자에게 발화하는 '일상툰'이라면 작가가 세상을 바라보는 태도는 좀 더 투명하게 드러나고 또 영향력을 발휘하기 마련이다.

"전에 작품 안에서 '병신' 같은 비속어가 장애인을 비하하는 말이라는 지적을 메일로 가끔 받았어요. 그땐 그 말에 크게 공감하지 못했어요. 일상에서 적잖이 쓰이는 표현인데 내가 고쳐야 하는 건가. 그러다가 어느 순간 스스로 불편해지더라고요. 아이를 낳고 유모차를 밀면서, 이게 얼마나 힘든지 느끼고 나니 휠체어에 앉은 장애인에 대해 많이 생각하게 됐어요. 진짜 힘들고 고통스럽겠구나. 또 아이 교육을 위해 평소에도 비속어를 안 쓰려고 하고요. 그땐 몰랐지만 지금은 이 생각이 맞는 것 같아요. 그때랑은 관점이 달라진 거죠."

비속어는 무균 처리되지 않은 일상에 숨 쉬듯 존재한다. 자주 사용되는 비속어는 여러 장르의 작품에서 자연스러운 대화의 맛을 살리는 조미료 역할을 한다. 난다 작가 역시 "이건 욕 나오는 상황이라는 걸 보여 주는 장면이라면 굳이 욕을 삭제하지 않는다"고 말한다. 대신 '병신' 같다는 표현은 이제 많이 불편하다.

"그 표현의 무엇이 문제인지 알기 전과 알고 난 후가 달라지는 거죠."

익숙한 것이 당연한 것은 아니다. 일상 안에 숨어 있는 수많은 부조리를 알고 난 뒤에도 과연 '일상툰' 작가의 일상은 과거와 같을 수 있을까? 그의 대답은 '아니'다.

"전에는 일상에 숨은 성차별을 보면 뭔가 불편하다고 막연히 느끼면서도 그게 무엇인지는 잘 몰랐던 거 같아요. 아무래도 태어나면서부터 자연스럽게 몸에 배인 채 성장하니까요. 그런데 2년 전쯤부터 트위터에서 페미니즘에 대한 다양한 이야기를 접하고 공부하면서 영화 〈매트릭스〉에서 네오가 빨간 약을 먹은 것처럼 더는 예전으로 돌아갈 수 없게 된 거죠. 내가 지금까지 못 봤던 것들이 하나둘씩 보이고 그러면서 '아, 내가 전에 불편하게 느꼈던 것들이 내가 유별나서가 아니라 불편한 게 맞는 거였구나'라는 걸 알게 됐죠. 정말 너무너무 기뻤어요."

하지만 새로운 깨달음은 동시에 과거의 자신에 대한 반성을 동반한다. 그의 말대로 태어날 때부터 체화된 것들 안에 성차별도 당연한 듯 내재해 있다. 그리고 그것은 전에는 재밌다고 생각했던 〈어쿠스틱 라이프〉의 풍경 안에도 있었다.

"육아 초기에 한군이 쌀이와 놀아 주면서 '이쁘면은 뭐든지 다 돼요, 뭐든지 다 돼요, 영화도 오빠들이 공짜로 보여 줘요'라고 노래를 불러 주는 장면이 있어요. 그때도 약간은 불편했지만 문제라고까진 생각을 안 했는데, 만약 요즘이었다면 그리지 않았겠죠. 그리고 만화로 그린 적은 없지만, 놀이터에서 딸보다 나이 많은 남자애를 만났는데 주위에서 딸에게 오빠라고 불러 주면 좋아할 거라고 얘기해서 그렇게 했더니 남자애가 정말 좋아했던 적이 있어요. 그땐 그냥 넘어갔는데 지금 생각하면 잘못된 거죠. 당시엔 재밌는 에피소드라고 생각했지만 결국 불편해서 그리지 않았어요."

정치적 올바름이 표현의 자유를 억누를 수 있지 않느냐는 말이 종종 나오곤 한다. 그럴지도 모른다. 하지만 그런 불편함을 느끼는 문명화 된 세상일수록 사회적 약자를 비하하거나 희화화하는 것에서 재미를 느끼긴 어렵다. 그렇다면 정치적인 올바름 안에서 어떻게 재미를 추구할 수 있을지 새롭게 모색해 보는 것은 단순히 개인의 윤리를 떠나서 작가로서 더 오래 가기 위한 방법이 될 수 있지 않을까?

"한국의 개그는 마치 그게 본질인 것처럼 여성을 비하하는 게 많은데 전 그게 재미없기 때문에 그런 정서를 안 그리는 것에 대해서는 아쉬움이 없어요. 그걸 안 한다고 해서 재밌는 만화를 못 그릴 거라는 생각도 전혀 안 하고요. 앞으로는 개그의 또 다른 방식이 생길 거라고 봐요."

프로 데뷔, 스스로를 알아 가는 과정

일상툰 작가로서 성공적인 경력과 작가로서의 발전 모두를 보여 주고 있는 난다 작가지만, 그가 처음부터 '일상툰'이라는 특정 장르에 매진한 건 아니었다. 무엇보다 그가 그리고 싶었던 건 전혀 다른 장르였다.

"고등학교 때 그리고 싶었던 건 양경일 작가님의 〈소마신화전기〉 같은 작품이었어요. 어떤 장면에 감동 받아서 특활실에서 울었던 게 아직도 기억나요. 소년 만화의 로망? 그런 거에 엄청 심취했던 거 같아요. 이야기뿐 아니라 그림에서도 그랬던 것 같고요. 당시 만화들은 대부분 얇은 펜촉으로 그렸는데, 양경일 작가님은 굵은 G펜으로 멋있게 쓱쓱 그렸거든요. 20대 초반까지는 저도 그런 만화를 그리고 싶었어요."

한국 소년 만화의 계보 안에서도 가장 힘 있는 필치를 가진 작가로 꼽히는 양경일과 팬시한 〈어쿠스틱 라이프〉의 그림체 사이의 거리를 생각하면 쉽게 이해되지 않는 일이지만, 그건 결과론일 것이다. 중요한 건 〈소마신화전기〉 같은 만화를 그리고 싶다는 열정으로 펄떡이던 아마추어가 어떤 과정을 거쳐 지금에 이르렀느냐는 것이다. 재밌는 건 정작 당시 함께 동아리 활동을 하던 선배들은 그가 잠깐 재미 삼아 그린 짧은 일상 소재의 만화를 보며 "너는 그냥 일상 얘기할 때가 재밌다"고 평했다는 것이다. 그땐 흘려들었다. 그가 그리고 싶었던 건 〈소마신화전기〉였으니까. 그리고 당시에는 일상 소재의 만화로 성공한 경우가 거의 없었다.

그의 데뷔작이 결국 결혼 후 그린 〈어쿠스틱 라이프〉라는 사실이 보여 주듯, 〈소마신화전기〉 같은 작품을 그리겠다는 큰 포부를 지닌 아마추어 작가였던 그가 프로 만화가가 되는 건 결코 쉽지 않았다. 출판 만화 공모전에 두세 번 정도 도전했지만 모두 떨어졌다. 그렇다고 과거 꿈꿨던 소년 만화를 그렸던 건 아니었다. 함께 데뷔를 준비하던 친구들이 요즘엔 순정 만화를 그려야 빨리 데뷔할 수 있다고 조언했고, 사실 순정 만화에 별 관심이 없었지만 단지 데뷔하고 싶다는 마음에 당시 유행하던 고양이나 카페 같은 소재를 넣어 작품을 그렸다. 두 번째 공모전이 끝나고 해당 출판사에 상담을 받으러 갔을 때 담당자 역시 그가 자신이 하고 싶은 이야기를 그리기보다는 데뷔를 위한 만화를 그리고 있다는 걸 꿰뚫고 있었다.

"너무 부끄러웠고 그때부터 내가 하고 싶은 걸 그려야겠다고 마음먹었어요."

물론 여전히 데뷔는 쉽지 않았다. 순정 만화에 도전했다가 실패한 그는 다시 개그 만화에 도전하기도 했지만 유의미한 수준의 결과물을 쌓진 못했다. 다행히 일러스트레이터로 활동하며 생계는 해결할 수 있었지만 〈어쿠스틱 라이프〉 시즌 6 후기에서도 밝혔듯 "모른 척 하던 것들을 직시할 때의 괴로움"이 종종 그를 찾아왔다. 꿈을 이루지 못했다는 괴로움은 꿈을 포기하지 않은, 또는 못한 이들의 것이다. 그는 세상 어려운 것 모르고 얼마든지 〈소마신화전기〉 같은 작품으로 데뷔할 거라 믿는 10대 소녀가 아니었지만, 여전히 꿈을 좇았다. 그리고 그 시간 동안 세상도 조금씩 변하기 시작했다. 우선 앞서 말했던 〈스노우캣〉, 〈마린 블루스〉 등 지금은 웹툰의 조상님이라 불리는 초기 '일상툰'이 등장했다. 해당 작품을 재밌게 보던 그는 나도 이런 걸 그리고 싶다고 생각했다. 또 다른 변화는 팬시한 그림체의 등장이다. 일러스트레이터로 활동하며 과거보다 아기자기한 그림체에 가까워진 그는 토마 작가의 〈남자친9〉를 보고 팬시한 그림체로도 만화를 그릴 수 있다는 것을 확인할 수 있었다. 그리고 한군과 연애하고 결혼 생활을 하며 재밌는 에피소드가 다양하게 만들어졌다. 그렇게 〈어쿠스틱 라이프〉가 시작되었고, 결과는 모두들 아는 대로다. 약 1년 정도 아마추어 연재를 하던 중, 한군의 조언으로 모 인터넷 커뮤니티에 올렸던 에피소드가 포털 다음 담당자의 눈에 띄어 정식 연재 제안을 받았고 드디어 〈소마신화전기〉를 꿈꾸던 소녀는 프로 데뷔의 꿈을 이룰 수 있었다.

재밌는 건, 난다 작가 본인은 늦은 데뷔를 다행으로 여긴다는 점이다.

"20대 초반에 만화를 그릴 땐 개그를 해도 당시 유행하는 '드립'을 치고, 사람들이 욕하는 사람을 같이 조리돌림하곤 했었죠. 지금 생각하면 너무 부끄럽고, 어떤 면에선 그런 걸 해 보고 후회했기 때문에 그렇게 하면 안 되는 걸 알게 된 것 같아요. 당시에 사람들이 우르르 몰려서 이야기했던 게 나중에 보면 사실과 다른 경우

가 있었거든요. 나도 모르게 남에게 상처를 줄 수도 있겠구나. 유행하는 의견에 함부로 얹혀 가면 안 되겠구나. 정돈된 내 생각이 아닌 걸 쓰면 안 되겠구나. 그런 걸 배웠죠."

동아리 선배들 말대로 일상 소재에 강점을 보이던 그가 결국 '일상툰' 〈어쿠스틱 라이프〉를 그리게 된 과정을 단순히 정해진 목적지를 향한 먼 우회라고 볼 수 없는 건 그래서다. 만화가가 되고 싶다는 꿈을 포기하지 못한 한 사람이 자신이 못하는 게 뭔지 잘하는 게 뭔지 배우고 깨닫고, 세상이 변하고, 또한 스스로 세상에 대한 안목이 좀 더 생기는 수많은 과정이 더해졌을 때 비로소 지금의 난다 작가가 나올 수 있었다. 단순히 데뷔가 늦은 게 아니라, 늦은 데뷔를 통해서만 그릴 수 있는 작품을 만들었다고 보는 게 맞을 것이다.

다양한 장르를 향한 끝없는 도전

최근 난다 작가의 고민은 차기작을 그리는 것이다. 스스로의 일상은 〈어쿠스틱 라이프〉에 담고 있으니 차기작은 당연히 가상의 이야기를 담은 스토리 만화다. 심지어 그의 귀띔에 따르면 19금, 야한 이야기는 아니지만 여성이 겪는 성적 폭력을 소재로 하는 꽤 무거운 작품이다. 이미 '일상툰'에 있어서는 나름의 일가를 이룬 작가지만 하나의 가상을 창조하는 건 낯설고도 어려운 작업이다.

"동료인 네온비 작가 말에 따르면 구슬은 되게 많지만 못 꿰는 작가가 있고, 평범한 구슬로도 이야기를 잘 꿰는 작가들이 있다고 하는데 저는 전자 같아요. 하고 싶은 것들은 머릿속에 이미지로 막 떠오르고 에피소드도 있는데, 그걸 어떤 스토리라인으로 꿰어야 할지 잘 잡히지 않더라고요. 〈어쿠스틱 라이프〉 같은 경우에는 어느 정도의 틀 안에서 제가 경험한 세계의 어떤 요소들을 채워 넣으면 되는데, 스토리 만화는 그 세계의 틀 자체를 제가 세워야 하는 거라 더 힘들어요."

스토리 만화가 일상툰보다 고난도거나 우월하다는 뜻은 아닐 것이다. 이에 대해 〈닥터 프로스트〉의 이종범 작가는 자신의 에세이에서 멋있게 묘사한 바 있다. "극화 스토리의 소재나 플롯이 광각렌즈, 혹은 망원렌즈로 잡아내는 큰 스케일의 이미지라고 가정한다면 생활툰에서 반복되는 이야기는 대물렌즈를 통해 생활의 단면을 표본 채집하여 보여 주는 일에 가깝다"고. 그리고 첨언한다. "가장 가볍고 일상적이라고 여겨지던 생활툰이 가장 작가주의적인 형식이 되어 간다는 뜻이다. 〈어쿠스틱 라이프〉의 난다 누나는 그러한 면을 가장 잘 보여 주는 보물 같은 작가다." 다시 말해 스토리 만화와 일상툰은 서로 다른 재능과 능력이 필요한 작업이다. 다른 장르에 대한 도전과 그에 따른 고민이 '일상툰'을 어떻게 그려야 하느냐는 질문을 넘어, 좀 더 넓은 의미에서 만화가로서의 자신이 가진 강점과 약점에 대한 성찰로 이어지는 건 당연한 일일지 모른다.

오해를 피하자면, 난다 작가가 스토리 만화를 처음 그리는 건 아니다. 〈어쿠스틱 라이프〉를 제외하고 지금까지 난다 작가가 연

재한 작품은 '카카오톡 오늘의 웹툰'에서 연재한 〈어른이라 다행이야〉, '채널예스'에서 연재했던 〈난다의 두 번 본 영화〉, 그리고 임신과 출산에 대한 이야기인 〈내가 태어날 때까지〉로, 이 중 〈내가 태어날 때까지〉는 '첫 장편 스토리 만화'다. 그리고 수작이다. 만약 아이를 낳는 것을 진지하게 고민하고 또 용기를 얻고 싶은 이들이 있다면 주호민 작가의 〈셋이서 쑥〉과 함께 권하고 싶은 작품이다. 다만 임신과 출산이라는 소재, 그리고 상당히 합리적이고 자상한 남편 캐릭터가 보여 주듯, 〈내가 태어날 때까지〉에서 거울에 비친 〈어쿠스틱 라이프〉의 세계, 또는 〈어쿠스틱 라이프〉에 모두 공개되진 않았던 임신과 출산의 과정과 경험을 발견하기란 어렵지 않다. 그가 외주 작업으로 그린 농림수산식품교육문화정보원 브랜드 웹툰 〈달콤쌀쌀한 신혼부부〉 역시 가상의 가족을 내세우지만 그 구성과 정서는 〈어쿠스틱 라이프〉에서 멀리 벗어나지 않는다.

 그런 면에서 지금까지 난다 작가의 작품 중 가장 이질적인 것은 플랫폼을 통한 연재 없이 창작 소모임 '창작집단 8'에서 공개했던 단편 〈조금 멀리서, 완전히가까이〉일 것이다. 게임회사 디자이너와 외주 프로그래머 사이에 아주 잠시 벌어진 감정의 일렁임, 화자의 대사를 빌리면 "위험했"던 순간을 잘라 보여 준 이 작품은 게임회사라는 낯익은 배경만 제외하면 〈어쿠스틱 라이프〉의 그것과는 전혀 다른 스타일을 보여 준다. 특히 여기에는 〈어쿠스틱 라이프〉의 서사 구도를 지탱하는 안정적인 관계가 없다. 오히려 일상에 가깝고 지루해 보이던 관계에 균열이 생기고 그 균열에 설레면서도 두

려워하는 화자가 있다. 난다 작가 스스로 "일상 만화를 그리면서 스토리 만화로 쓰고 싶은 이야기도 많이 쌓였는데, 그게 좀 해소됐다"고도 말했지만, 이 단편에는 새로운 무엇을 하고 싶은 창작자로서의 욕망이 숨길 수 없이 드러난다. 그리고 역시 새로움을 향한 갈증에서 출발하는 차기작 구상은 이에 대한 반성을 동반한다.

"그런 생각은 해요. 좀 더 서정적인, 순정 만화에 가까운 그림체로 그렸다면 작품에서 드러내고 싶었던 두근거림이 한층 잘 살지 않았을까? 제 평소 그림체 그대로는 아니지만 거의 비슷한 느낌으로 그리니까 그런 두근거림이 부족하더라고요. 가령 미형 캐릭터를 보면 별다른 이야기가 없어도 작은 연출만으로도 그림을 보고 두근거리는 효과가 있잖아요. 전 그게 부족했던 것 같아요."

장르의 분위기와 그림체는 불가분의 관계인가. 작가들 사이에서도 의견이 갈리는 지점이다. 미형의 그림체와는 거리가 먼 주호민 작가의 경우 스스로도 장르의 경계에 갇히지 않으려 노력하는 편이지만, 무엇보다 꼬마비 작가의 19금 스릴러 〈살인자ㅇ난감〉을 본 이후엔 그림체와 장르는 관계없다고 말한다. 하지만 그 주호민 작가도 무협 장르인 〈검협전기〉에선 작화와 이야기의 불협을 경험해야 했다. 분명 해당 장르에 어울리지 않아 보이는 그림체로도 위화감 없는 작품을 그려 내는 작가들도 있지만, 시각 매체인 만화에 있어 작화 자체가 주는 느낌을 과소평가할 수 없다. 〈조금 멀리서, 완전히가까이〉에서 〈어쿠스틱 라이프〉와 흡사한 그림체와 비율(2.5~3등신)을 썼던 난다 작가가 신작에선 〈아이사와 리쿠〉 같은 작품을 언급하며 인물 비율에 변화를 주려 하는 건 그 때문이다.

앞으로가 더 궁금한 작가

과연 차기작은 어떤 모습일까? 알 수 없지만 설레는 이 기대감은 이중적인 감정이다. 지금 난다 작가의 차기작만큼 기대되는 작품이 있다면, 차기작 이후의 〈어쿠스틱 라이프〉이기도 하다. 이미 일상툰 장르에 한 획을 그은 이 작가는 만화가로서 부딪힌 벽을 어떻게 넘고 그렇게 넓어진 작가의 시야로 어떤 '일상툰'을 그릴 수 있을까? 그는 평소엔 자기 자신에게 관심이 가장 많지만 스토리 만화를 준비하며 타인의 다양한 개성을 어느 때보다 관심 있게 보고 있다고 말한다. 다행히도, 작가로서 해소되지 않는 욕구를 차기작으로 풀고 싶은 것과는 별개로 여전히 자신의 일상을 만화로 그리고 싶어 한다.

"당장 내가 일상툰을 안 그리겠다고 말하더라도 아마 머지않아 그리고 싶은 욕구가 샘솟아 오를 거예요. 저는 철저하게 나에 대해, 내 생각에 대해 이야기하고 싶은 욕구의 결정체니까요. 안 그리면 엄청 하고 싶을 거예요. 나중에 늙어서는 실버 세대 입장에서라도 만화를 그리게 될 거 같아요."

〈어쿠스틱 라이프〉라는 타이틀이 언제까지고 계속될지는 알 수 없다. 플랫폼의 변수도 있고 아이가 자라며 프라이버시의 문제가 생기는 등 작가 개인사의 변수가 생길 수도 있으며, 작가로서 대표 타이틀에서 벗어나고 싶을 수도 있다. 다만 앞으로도 그가 어디서든 어떤 타이틀로든 자신의 이야기를 그리고 싶다면, 우선 그것으로 만족할 수 있지 않을까? 실버 만화라니, 오래오래 이 작가의 만화를 기다리게 될 것 같다.

난다 작가의
휴재 기간

집과 가족, 일상에
공격적으로
시간 쓰기

Q   일상에 공격적으로 시간을 쓴다는 건 구체적으로 어떤 모습인가?

우선 온 집을 구석구석 내 나름의 체계대로 다시 정리하고, 인테리어도 재정비하고 한 번씩 싹 쓸어버린다. 연재 기간 동안 남편은 육아로, 나는 마감으로 집을 돌보지 못해 부서진 변기 커버나 샤워 꼭지를 몇 개월 동안 그대로 방치해 두는 일이 비일비재하기 때문이다.

Q   **아이와의 시간도 중요할 텐데.**

아이에게 해 주고 싶었지만 연재 중엔 시간과 정신적 자원이 많이 들어 미뤄 두었던 일들을 하나씩 해결한다. 미술 놀이나, 인형 만들어 주기, 쿠키 만들어 주기 같은 다양한 놀이를 해 준다. 아이가 생기고 나서는 가족과 아이에게 시간을 가장 많이 쓴다. 연재 기간 중 소홀했던 남편의 멘탈도 좀 보듬어 주고.

Q   **결국 연재 기간 중 못 했던 것들을 충실히 하는 시간인 것 같다.**

연재 기간 중에 못 했던 드로잉 연습을 하거나 화방을 드나들면서 재료를 구경하고, 산책하고, 그리고 거의 매일 영화를 보는데 특히 장면이 아름다운 영화들을 반복해서 본다. 그동안 친구들의 메신저 연락에 며칠씩 늦게 답해 준 것들도 수습하고. 마감 단위로 정신없이 지나가던 일상을 매시간 충만하게 보내려고 한다.

Story

이종범

〈닥터 프로스트〉

이종범

초등학교 때 〈드래곤볼〉 그림을 따라 그린 것에 친구들이 감탄하는 걸 보며 만화가의 꿈을 꾸기 시작했다. 고등학교 때 만화 동아리 활동을 하며 학교 축제 때 최우수 부스로 선정되는 등 뜨거운 만화 키드의 왕도를 걷다가 막연히 만화가로서 인간에 대한 이해가 깊어지면 좋겠다는 생각으로 대학에서 심리학을 전공했다. 대학 때 공연의 매력에 빠져 한동안 만화를 멀리하고 드러머로 활동하기도 했지만, 군 전역 후 다시 만화에 매진해 재테크를 소재로 한 〈투자의 여왕〉으로 데뷔했다. 하지만 좀 더 안정적인 플랫폼 연재를 원하며 네이버와 다음 두 포털의 문을 두드렸고 만 1년 동안 총 일곱 개의 작품이 퇴짜를 맞았다. 그러다 자신의 전공을 살려 천재 심리학자를 주인공으로 한 〈닥터 프로스트〉로 네이버에서 연재를 시작해 현재 시즌 3까지 연재했다. 다양한 경험을 하는 걸 좋아해 tvN 〈더 지니어스 3〉, JTBC 〈말하는대로〉 등의 TV 프로그램에도 출연하고 다수의 라디오 프로그램 게스트로도 활동했지만, 결국 이 모든 경험이 만화에 도움이 될 거라 믿으며 수많은 외도 속에서 여전히 〈닥터 프로스트〉의 다음 시즌과 후속작을 고민하고 있다. 현재 청강문화산업대학교 만화콘텐츠스쿨에서 (본인의 말을 빌리면) 미래의 동료들과 지내고 있다.

닥터 프로스트

천재적인 지능과 관찰력으로 타인의 심리를 파악하는 데 탁월한 능력을 가지고 있지만 정작 자신의 감정은 느끼지 못하는 심리학자를 주인공으로 한 웹툰. 2015년부터 네이버에서 연재한 〈닥터 프로스트〉의 주인공 프로스트(한국명 백남봉)에게 사람의 마음이란 쉽고도 이해할 수 없는 것이다. 작은 몸짓 하나, 말실수 하나에서도 그의 사회적 가면 뒤의 불안을 읽어 내지만 그럼에도 그 감정이 과연 정확히 어떤 것이고 그 고통은 어떤 것인지 알지 못한다. 〈닥터 프로스트〉는 용강대 심리학과 교수인 프로스트가 자기 학교 학생이나 지인의 지인 등이 겪는 마음의 병을 치료하는 과정을 보여 주는 동시에 조금씩 그 스스로 감정을 배워 가는 과정 역시 보여 준다. 서사 구조에서 메디컬 추리 드라마 〈하우스〉를 연상케 하지만, 이런 메디컬 드라마에서 특이한 질병 사례를 다루는 것과 달리 이종범 작가는 사이코패스나 다중인격처럼 아주 특이한 사례를 지양하고 일상 안에서 겪을 수 있는 일반적이면서도 공감 가는 사례를 소재로 이야기를 풀어 나간다. 작가 본인이 심리학 전공자이면서 여러 전문가들의 자문까지 더해 최대한 심리 장애에 대한 오해 없는 이해를 도모한다는 점에서 '한국 최초, 최고의 심리학 만화'라는 출판사의 조금은 호들갑스러워 보이는 홍보 문구는 틀린 말이 아니다.

소년이 만화가가 되기까지

이종범 작가에게 물었다.

"스스로 어느 정도의 재밌는 작품을 그리면 자신 있게 만화 작법서를 쓸 수 있을 것 같나요?"

"〈슬램덩크〉 정도? 스포츠 만화나 음악 만화, 스릴러, 아니면 〈닥터 프로스트〉처럼 전문직이 등장하는 작품 중 올타임 베스트에 꼽힐 만한 작품… 아니, 죄송한데 〈슬램덩크〉가 아니라 〈기생수〉로 할게요."

"그건 재미도 재미인데 완벽한 작품을 만들고 싶다는 뜻인가요?"

"맞아요, 완벽하죠. 그 이상이 없죠. 만화라는 것의 이상적인 이데아가 있다면 〈기생수〉가 가장 완벽한 모사품일 거예요."

재미에 대한 이론을 정리하고 그에 대한 책도 쓰고 싶지만 모든 이가 인정할 만한 재밌는 이야기를 만들고 나서야 쓸 수 있을 것 같다는 이종범 작가의 대답이다. 사실 여기에는 이종범이라는 젊은 창작자의 창작 방식, 태도, 그리고 이상까지 거의 모든 것이 집약되어 있다. 〈기생수〉라는 작품에 대한 애정을 말하려는 게 아니다. 이종범 작가에게 있어 〈기생수〉는 작품의 서사와 테마가 처음부터 끝까지 완벽하게 날줄과 씨줄을 이루는 직조물이며, 그 직조의 방식을 이해한다면 〈기생수〉 같은 작품을 만드는 것도 불가능하지 않다고 생각한다. 그는 마치 심리학을 소재로 한 본인의 작품 〈닥터 프로스트〉의 주인공 프로스트 박사가 수많은 심리학 이론과 관찰력, 연산 능력으로 타인의 마음을 읽어 내는 것처럼, 스스로도 다양한 창작 이론과 명작을 분석해서 창작의 비밀을 밝힐 수 있다고 믿는다. 자신의 직업을 진지하게 탐구하는 만화가로서 그의 목소리를 들어볼 필요가 있다 판단한 건 그래서다.

만화, 캐릭터를 위해 진학한 연세대 심리학과

그의 데뷔작은 아니지만 대중에게 실질적으로 이름을 알린 작품 〈닥터 프로스트〉는 천재 심리학자지만 정작 자신의 감정을 이해하거나 표현하는 것에 미숙한 닥터 프로스트를 중심으로 한 심리 추리물이다. 만화적 과장이 있지만 프로스트가 인용하는 이론과 상담에서 활용하는 기법들은 모두 실제 학문에서 어느 정도 검증된 것들이다. 이종범 작가가 연세대 심리학과 출신이라는 사실은 많이 알려져 있다. 하지만 학구파로서 그의 면모를 증명하는 건 명문대 학벌도, 만화 속에서 확인할 수 있는 심리학 지식에 대한 해박한 이해도 아닌, 그가 만화를 그리기 위해 심리학과를 선택했다는 사실이다. 그에게 좋은 만화란 캐릭터에 대한 깊은 이해를 바탕으로 한 것이며, 막연하나마 심리학을 전공한다면 인간의 내면을 볼 수 있으리라 기대하고 심리학과에 진학했다. 그는 그곳에서 인간에 대한 궁금증을 유지하는 법을 배웠노라 말하며, 또한 인간의 성장이라는 고민할 가치가 있는 주제를 얻었다고 말한다. 그리고 이것들은 〈닥터 프로스트〉의 테마를 이루고 있다. 이 작품 안에서 심리학이란 과시적인 지식이 아닌, 인간에 대한 이해와 갈등의 치유라는 오래된 테마를 효과적으로 풀어내는 중요한 도구다.

데뷔를 위한 전략, 스스로를 직시하다

이종범이라는 작가의 현재를 이해하기에 가장 좋은 방법은 그의 대표작인 〈닥터 프로스트〉를 어떤 과정으로 구상하고 취재하고 스토리를 구성하는지, 그 과정을 따라가는 것이다.

거의 모든 전문직이 그러하듯, 만화를 그리는 일 역시 제대로 된 출발선에 서기 위해선 한 차례 또는 수많은 지난한 방황의 달리기를 해야 한다. 어릴 때부터 만화 하나만 바라보며 "만화를 그리기 위해" 연세대 심리학과에 진학했던 만화 키드 이종범 작가에게도 그런 시기가 있었다. 그리고 사실 많은 아마추어들이 궁금해하는 건 바로 그 과정을 어떻게 거쳐야 출발선에 설 수 있느냐는 것이다. 〈닥터 프로스트〉와 비교해 훨씬 미숙했던 그의 첫 장편 〈투자의 여왕〉을 먼저 짚고 넘어가야 하는 건 그래서다.

수많은 웹툰 작가 지망생들이 가장 많이 걷는 데뷔 경로는 네이버나 다음 같은 최종 목표 플랫폼의 아마추어 게시판에 연재를 시작한 뒤, 네이버웹툰의 '베스트 도전' 같은 2부 리그까지 올라와 1부 리그로 정식 발탁되는 것이다. 〈마음의 소리〉 조석 작가와 〈노블레스〉 손제호, 이광수 작가 같은 초기 웹툰 작가부터 최근에는 〈프리드로우〉 전선욱 작가, 〈연애혁명〉 232 작가 등이 이 방법으로 데뷔했다. 그에 반해 이종범 작가는 스스로 "야인 방식"이라 부르는 길을 택했다. 그는 거대 플랫폼 외에도 만화가 연재되는 수많은 군소 플랫폼에 연락을 돌렸고 마침내 당시 상당히 많은 만화 콘텐츠를 보유하고 있던 스포츠 신문에 주식 투자를 소재로 한 반쯤

학습만화에 가까운 작품 〈투자의 여왕〉을 연재했다. 하지만 여기서 되짚으려는 건 그가 야인 방식을 택했다는 것이 아니다. 야인 방식이든 아마추어 게시판 연재든 그건 선택의 문제다. 중요한 건 신인인 그가 어쩌다 투자를 소재로 한 〈투자의 여왕〉이란 작품을 시작하게 됐느냐다.

"지금 〈투자의 여왕〉을 보면 전문 소재를 다루겠다는 무모한 과감성 외에 만화로서는 어떠한 요소도 훌륭하지 않아요. 다만 당시에는 그걸 시도하기 위해 내가 가지고 있는 재능을 가져다 써야만 했죠. 뭔가를 빨리 공부하고 이해하는 재능이요. 그야말로 무기고를 열었는데 무기는 없고 치료약만 있으면 그냥 그걸 마시면서 '몸빵'으로 가는 방법도 있는 거잖아요."

여기서 핵심은 공부라는 재능이 아니다. 모두가 이종범처럼 공부하는 재능이 있을 수는 없다. 내 무기고에 무엇이 있는지 확인하고 그 무기로 어떻게 저 미션을 공략하는가. 이것이 이종범 작가가 내놓는 해법의 핵심이다.

"포커를 할 때 가장 먼저 할 일은 내 앞의 패를 확인하는 거잖아요. 스스로 재능이 없다고 말하는 사람들의 대부분은 마치 내 앞에 최고의 카드패인 로열스트레이트플러쉬가 있어야만 이 게임에 참여할 수 있다는 식이에요. 하지만 실제로 게임에서 그런 경우는 없잖아요. 원페어 패가 나왔으면 그 패로 게임에 참가해서 이기는 법을 찾아봐야죠. 만화에서도 당장 내가 가지고 있는 패가 만화와 연결되는 게 아닐 수 있어요. 그림을 엄청 잘 그리거나 천재적인 스토리텔링을 하는 게 아닐 수 있죠. 하지만 자기가 가진 다른 무언가로 만화에서 승부를 볼 수도 있죠. 〈투자의 여왕〉은 그런 작품이었어요."

개인적으로 이 비유를 참 좋아하는데, 그건 만화가에게만이 아니라 어떤 일을 시작하려는 초심자들에게 굉장히 유용한 동시에 용기를 주는 조언이기 때문이다. 물론 세상에는 그냥 그 직업을 위해 태어난 천재들도 있다. 하지만 우리가 좁은 문이라 생각하는 그 직종은 천재들만으로 채우기엔 너무 자리가 많다. 그 나머지 자리를 차지할 수 있는 길은 내가 가진 패를 직시하는 것에서 출발할 것이다.

극적으로 맞이한 두 번째 기회

이종범 작가가 야인 방식으로 네이버라는 거대 플랫폼(물론 그가 입성할 때만 해도 지금 같은 거대 왕국은 아니었다)에 들어가는 과정은 상당히 극적이다. 그는 당시의 상황을 내가 속했던 매체인 〈아이즈〉에서 에세이로 쓴 바 있는데, 마치 드라마 같은 그 순간의 느낌을 전달하고자 그의 글 일부를 옮겨 본다.

> 시간이 조금 흐르고 담당자가 돌아가려고 일어났을 때, 내 수첩 마지막 장에 쓰여 있던 한 줄이 눈에 들어왔다. 시놉시스도 없었고 원고는커녕 캐릭터도 없었다. 단 한 줄. '심리학자가 등장하는 이야기.' 나도 모르게 작업실

에서 나가려는 담당자 등에 대고 얘기했다. "심리학자가 등장하는 이야기는 어떨까요?" 담당자가 돌아보더니 너무 아무렇지도 않게 이야기했다. "작가님 전공이 심리학이었죠? 아직 전문 소재 만화가 없고 앞으로도 많이 없을 것 같네요. 언제부터 시작하실래요?"

이 글이 공개된 후, 네이버 웹툰의 김준구 이사(당시 팀장)는 사석에서 "설마 그것만으로 연재하자고 했겠어요? 어떤 구상이 있는지 물어보고 가능성이 있으니까 오케이 한 거죠"라고 이야기했지만, 〈투자의 여왕〉 완결 후 1년 가까이, 준비한 시놉시스마다 퇴짜를 맞고 기대하지 않은 카드로 막차를 탄 이종범 작가에게 담당자의 오케이 사인은 환희로운 동시에 막막한 제안이었다. 생각해 보라. 어느 정도 그림 실력을 갖추고 있다고 전제하더라도, 당신이 샐러리맨이니 〈미생〉 같은 만화를 만들어 보라고, 신문방송학과 출신이니 〈뉴스룸〉 같은 기자들 이야기를 써 보라고, 그걸 국내 최대 포털 사이트의 지면으로 공개해 주겠다고 한다면 그저 기뻐할 수만 있을까?

"되게 좋으면서도 고통스러웠어요. '어떤 걸 그려야 하는가'라는 스스로를 향한 질문과 연재 준비를 병행해야 했으니까요. 해상도로 따지면 3dpi(dots per inch, 해상도 단위)정도?"

이토록 막연하고 흐릿한 구상을 조금씩 해상도를 높이며 구체적으로 다듬는 과정에서 누군가는 뮤즈가 던져 주는 영감을 기

다린다. 그러나 이종범 작가는 아니었다.

단 한 줄의 기획이 살아 있는 이야기로 발전하는 순간

명작의 비밀을 캐기 위해 좋아하는 작품은 거의 다 처음부터 끝까지 구문 나누듯 스토리를 해체해 분석했던 이 편집증적 학구파는 주제에서 그에 맞는 서사 구조를 이끌어 내는 방식으로 창작의 물꼬를 텄다.

"다행히 제일 중요한 주제는 확실한 편이었어요. 나 자신을 이해한다는 것. 그렇다면 그 주제를 가장 잘 보여 주는 엔딩이 있겠죠. 어떤 사람이 자기 자신을 이해하는 일이 성공할 것인가, 실패할 것인가. 여기서부터 역산을 하면 주인공은 자기 자신을 이해하지 못하는 사람이어야 하겠죠."

타인의 심리를 꿰뚫어 보는 천재 심리학자지만, 정작 자신의 감정에 대해서는 자각하지 못하는 주인공, 닥터 프로스트가 탄생하는 순간이었다.

이것은 막연했던 기획이 구체적인 캐릭터와 서사로 발전하는 과정이라는 점에서 예비 혹은 현역 창작자들을 위한 좋은 예시다. 막막한 상태에서 생각의 활로를 여는 흐름을 보여 주는 사례이지만, 단지 그것 때문만은 아니다. 의외로 많은 창작자들이 연재 도중 이야기의 흐름에 본인이 휘말려 자신이 말하고자 했던 주제를 놓친다. 하지만 주제 의식으로부터 서사를 설계하는 이종범 작가의 방식은 이러한 위험을 상당 부분 줄인 상태에서 이야기를 시작할 수 있게 해 준다. 천재적 영감으로 완성도 높은 결말까지 간 작품들도 있지만, 기세 좋게 시작했다가 허무하게 결말을 맞은 몇몇 작품 역시 우리는 기억한다.

"그리다 보니 내가 지금 어디 있지, 여긴 어디 나는 누구, 이렇게 될 때가 있단 말이죠. 돈이 많이 들어가는 거대 산업의 경우에는 이런 문제를 없애기 위해 많은 필터링을 거쳐요. 그런데 웹툰은 거대 자본 없이 작가 혼자 시도하기 때문에 그런 시행착오가 과감히 벌어져요. 그러면 독자 입장에선 모 아니면 도인 경우가 자주 생기죠."

나는 작법이 아닌 직감을 따르는 천재들이 웹툰에서 이룬 성취를 높게 평가하지만, 이종범 작가의 진단에도 백퍼센트 동의한다. 또한 "리스크를 줄여 나가는 체계적인 작법 공부가 필요"하다는 말에도 동의한다. 다만 이종범의 창작론은 도 대신 개나 걸을 만들어 주는 리스크 관리로서가 아닌, 이론으로 모를 만드는 것으로서 완성될 것이다. 물론, 아직은 아니다.

그림의 문제를 돌파하는 이종범의 방법

이종범 작가가 만화가를 꿈꾸며 공부한 것은 스토리만이 아니다. 어릴 적부터 만화를 곧잘 그려 친구 사이에서 주목을 받을 정도로 손재주가 있었지만, 직업 만화가로서 그림을 그린다는 건 전혀 다른 영역이었다. 무엇보다 배경이 문제였다. 학창 시절 반에서 만화 좀 그린다던 친구들을 떠올려 보자. 인기 있는 만화 캐릭터를 거의 비슷한 수준으로 모작하거나, 화려한 갑옷을 입은 게임 캐릭터를 명암 대비까지 주며 그려 내는 실력자들도 정작 그들이 서 있는 공간까지 신경 쓰는 경우는 별로 없다. 만약 배경을 그려 낼 실력이 된다 해도 일정 수준 이상으로 그리고 채색하려면 엄청난 시간이 소요된다. 그래서 작화 실력이 뛰어난 만화가들도 배경을 담당하는 어시스턴트를 고용한다. 물론 아직 데뷔도 못한 20대의 이종범은 그럴 여력이 없었다. 그가 선택한 건 3D 모델링 프로그램인 스케치업이었다.

"내가 과연 만화가가 될 수 있을까? 못할 수도 있겠다는 생각을 그때 처음 했어요. 그만큼 배경이란 건 너무 압도적인 장애물이었어요. 그렇다고 배경을 안 그리기엔 만화의 문법에서 배경이 왜 중요한지 이미 알게 됐기 때문에 포기할 수도 없었죠. 그때 스케치업을 처음 만났던 거고요."

스케치업은 보통 건축이나 토목을 위해 컴퓨터 안에 수많은 가상의 건물 아웃테리어와 인테리어를 만드는 프로그램이다. 즉 만화를 위해 만들어진 프로그램은 아니다. 하지만 이종범 작가의 말을 빌리면 "만화가를 위한 도구라고 해도 될 정도로 작업의 호환성이 뛰어나" 현재 그를 비롯한 수많은 작가들이 작품 배경에 스케치업 프로그램을 활용하고 있다. 가령 스케치업을 이용해 하나의 건물을 만들면 적어도 같은 건물이 등장하는 장면에선 쉽게 재활용할 수 있다. 소위 '복붙'이라 말하는 복사해서 붙이는 방식과는 좀 다르다. 가령 63빌딩을 모델링한다면 3D이기 때문에 건물을 정면이

나 측면, 공중 등 모든 방향에서 바라볼 수 있다. 마치 3D 게임처럼. 뭐든 배우는 걸 좋아하고 습득이 빠르고 이론화하길 좋아하는 그는, 하지만 스케치업을 마스터하는 과정이 아주 즐겁지만은 않았던 것 같다. 무엇보다 상황이 좋지 않았다.

"제가 우스갯소리로 이야기하는 게, 스케치업은 외로울 때 실력이 확 늘어요. 제가 그랬거든요. 데뷔를 준비하고 있는데 돈은 없고 연애는 실패하고 사는 곳은 너무 별로인 그런 시기가 있었어요. 아침에 일어나서 아무 것도 하기 싫고 무기력할 때 그냥 넋 놓고 스케치업으로 건물 하나씩 세우다 보면 실력도 늘고 시간도 잘 가요. 앉아서 게임만 하면 게임 실력이 느는 것과 비슷한 효과가 있죠. 더 좋은 건, 그 시기가 누적되면 누적될수록, 내가 만들어 놓은 수많은 모델들이 남아 있다는 거죠."

이종범 작가는 머리가 비상한 사람치고는 반복 학습의 효과를 상당히 긍정하는 편이다. 좀 더 정확히 말하면 타고난 감보다는 오랫동안 누적된 경험 자산을 더 높게 평가한다고 말할 수 있다. 이것은 오로지 하나의 기술에 대한 테크닉적인 반복 숙달일 수도 있다. 하지만 때로 테크닉은 그 자체로 창작의 영감이 되기도 한다. 튜브 물감의 발명으로 야외에서의 작업이 쉬워지면서 인상파의 화풍이 만들어진 것처럼.

"보통 도구라는 게 손으로 하는 일을 보다 편하게 하려고 만들지만, 그게 어느 순간 손으로 할 수 없는 일을 하는 방식으로 확장되잖아요. 스케치업도 비슷한 면이 있어요. 단적으로 말하면 디

테일하고 사실적인 배경으로 극찬 받는 작품 〈아키라〉 같은 배경을 작가 혼자서도 만들 수 있어요. 그렇다면 테크닉의 한계 때문에 어떤 서사를 포기했던 작가들을 자극하는 게 가능하겠죠. 실제로 어떤 사람이 스케치업으로 혼자 도시 하나를 만든 다음에 부수는 과정을 담은 영상을 보여 줬더니 선배 작가들 중에는 그걸 보는 것만으로 쓰고 싶은 이야기가 생각난다고 하더라고요."

물론 〈닥터 프로스트〉가 그만큼 공간의 활용이 돋보이는 작품은 아니지만 스케치업이 만들어 낸 구체적 동선 안에서 스토리는 한층 명확한 인과를 이루게 됐다.

"스케치업을 쓰면서 분명히 느낀 건 이야기를 만들 때 공간을 미리 머릿속에 그려 놓고 생각하는 게 굉장히 도움이 된다는 거였어요. 작가라도 캐릭터에게 이입하기가 쉽지 않은데, 그 캐릭터가 있을 공간을 만들고 그 공간의 또 다른 곳에 누가 서 있고 개가 어떻게 이동한다는 동선이 물리적으로 납득이 갔을 때 신기하게도 캐릭터에 대한 이해의 첫 단계가 이뤄지더라고요. 그래서 취재를 할 때 그걸 만화에 꼭 쓰지 않더라도 환자가 살던 공간을 모델링하는 작업은 꼭 해요. 그 공간을 보며 캐릭터에 대한 프로파일링을 하는 거죠."

이것은 배경 제작 시간을 줄이는 강력한 효과도 있지만, 이종범이라는 창작자와 상당히 어울리는 방식처럼 보인다. 그가 미리 만들어 놓은 건물과 공간은 어림짐작이 아닌 명확한 좌표로 구성되어 있다. 열 걸음에 건널 수 있는 길목이라면 그 두 배 길이에선

스무 걸음이 나오고, 건물에 빛을 비추면 빛의 각도에 따라 그림자가 바닥에 늘어지는 그런 세계. 그 세계 위의 이야기를 상상한다면 자연스레 땅 위에 발 닿은 이야기를 구상할 수 있지 않을까?

이처럼 반 강제로 공부했던 스케치업 기술은 이제 웹툰 계에선 자타가 공인하는 수준으로 올라섰다. 아마도 자신에게 이것이 왜 필요한지 생각하며 기술을 습득했기 때문이리라 짐작해 본다. 스스로 실력으론 최고가 아닐지 모르지만 가르치는 것이라면 최고일 수 있다고 인정할 정도다. 최근엔 프로그램 개발사에서 발급하는 스케치업 프로페셔널 유저 라이선스도 땄고, 그 최종 단계인 스페셜리스트 라이선스를 얻으면 본인의 전문 분야인(그리고 기존 건축계 스케치업 전문가들에겐 생소한 분야인) 웹툰과 관련한 스케치업 교육 프로그램을 만들고 개발사 차원에서 활용하는 것도 가능하다. 자신들의 프로그램 활용 분야가 더 넓어지길 바라는 본사의 입장을 생각할 때 결코 근거 없는 낙관은 아니다.

리얼리티를 살리는 취재! 취재! 취재!

이제 와서 하는 이야기지만, 신인 시절의 이종범 작가는 위법을 저지를 뻔한 적이 있다.

"취재가 너무 안 돼서 일곱 개의 가짜 명함을 판 적이 있어요. 어느 영화사의 시나리오 작가, 어느 메이저 방송사의 기자, 신문사 기자, 이런 식으로 일곱 가지 직종의 명함을 만들었죠."

아무리 본인이 심리학과 출신이라지만, 실제 임상 심리학에서 벌어지는 다양한 사례나 이론과 실제의 차이 등을 리얼리티가 크게 훼손되지 않는 수준으로 다루기 위해선 해당 전문가를 취재할 필요가 있었다. 하지만 지금처럼 웹툰이 대중문화의 한 축으로 자리 잡기 전에, 그것도 신인 작가가 취재원을 구하는 건 쉽지 않았다. 취재에 응한다는 건 본인의 시간을 할애해 본인이 가진 콘텐츠를 나눠 주는 일이다. 당연히 그에 상응하는 대가나 이익이 필요하다. 나와 같은 기자들은 그들의 의견을 독자들에게 널리 알리는 것으로 그 대가를 대신하거나, 공익의 목적에 호소한다. 물론 이름도 못 들어본 작은 매체일수록 안 통할 때도 많다. 당연히 당시의 이종범으로서는 막막할 수밖에 없었다. 유명한 심리학자나 상담가의 저서에 적힌 계정으로 이메일을 보내고 보내고 또 보냈지만 답장이 돌아오는 경우는 거의 없었다. 아르바이트로 모은 30~40만 원으로 인터뷰 비용을 대고 취재를 요청한 적도 있다. 섭외를 하고 어느 정도 도움이 되는 이야기도 들을 수 있었지만, 도움을 주겠다는 마음보단 비즈니스의 느낌이었고 그래서인지 대화에 한계가 있었다. 그렇게 벽을 마주한 절박한 심정으로 만든 것이 가짜 명함이었다.

"하다가 정말 한계에 부딪히면 쓰려고 했는데, 이걸 누군가에게 건네면 그 순간 저는 사칭을 한 거잖아요. 차마 명함을 쓰지는 못하고, 마음은 그만큼 궁지에 몰린 상황에서 거짓말처럼 '마음과 마음정신과'의 송형석 박사님을 알게 되었어요."

만화에 관심이 많은 '덕후'인 송형석 박사는 심리학자가 나오는 전문 소재 만화에 관심을 보이며 취재에 응했고, 이종범 작가는 다행히 위법을 저지르지 않을 수 있었다. 하지만 나는 그가 가짜 명함을 사용하지 않을 수 있었던 건, 역설적으로 가짜 명함을 사용해서라도 제대로 된 취재를 하고 싶다는 열망이 컸기 때문이라고 생각한다. 사람들은 종종 어떤 목표를 꼭 이루고 싶다고 말하지만, 대부분 '부자가 되고 싶다'는 수준이다. 절대 거짓말은 아니고 정말 부자가 되면 좋겠다고 생각하지만, 그것을 위해 변화하고 구체적인 방법을 설계할 정도는 아니다. 이것은 진짜로 되고 싶은 게 아니다. 이종범 작가는 정말로 취재가 필요했다. 없는 처지에 수중의 돈을 모두 털어 인터뷰 비용을 마련할 정도로 간절했다.

그에게 물었다. 궁지에 몰리고 몰린 순간 송형석 박사를 만난 건 운이었는지, 아니면 나름의 승부수가 통한 것인지.

"SF 소설가 아서 클라크의 미래 3법칙이라는 게 있는데, 그중 두 번째 법칙이 '어떤 일이 가능한지 불가능한지 알아볼 수 있는 유일한 방법은, 바로 불가능의 영역에 아주 살짝 도전해 보는 것뿐이다'예요. 정말 그런 것 같아요."

하지만 동시대 심리학의 최신 이론과 상담의 디테일을 픽션 안에 녹여내는 취재의 노하우를 단순히 열정 혹은 '노오력'의 문제로만 치환할 수는 없다. 앞서 말하고 싶었던 건 진정한 절실함 앞에서만 사람은 진짜로 문제를 해결할 방안을 모색한다는 사실이다. 그리고 이종범 작가는 맨땅에 헤딩을 해야 하는 중에도, 어떻게 땅에 타격을 줄 수 있는지, 땅에 제대로 된 자국을 남길 수 있는지 모색했다. 이런 그의 취재 노하우는 아무 배경도 없는 상태에서 시작해야 하는 막막한 아마추어나 신인들에게 큰 도움이 될 것이다.

취재, 넓게 시작해서 깊게 들어가는 덕후 같은 것

이종범 작가가 생각하기에 취재란 작가나 기자가 아닌 웬만큼 문화에 관심이 있는 사람이라면 누구나 이미 하고 있는 것이다. 당신이 무언가의 '덕후'라면 이미 당신은 그 분야에 대한 취재를 하고 있는 것이다.

"취재는 목적이 나뉘는 것 같아요. 목적지가 있는 상태에서 길을 찾기 위한 취재가 있고, 목적지 자체를 구체화하기 위한 취재가 있는데, 흔히 후자를 초벌 취재라고 하죠. 내가 어떤 테마로 어떤 이야기를 할 것인지 구체적으로 다듬어 가는 과정이기도 한데요. 그렇게 관심 있는 무언가를 찾고 구체화하는 과정이 '덕질'과 비슷한 것 같아요."

왜곡의 위험을 무릅쓰고 취재를 업으로 하는 기자로서 내가 이해한 바를 이야기하자면, 취재와 덕질은 공부에 가깝다. 좀 더 정확히 이야기하면 공부의 여러 양태 중 그 두 가지가 있는 것이다. 가령 한국 아이돌 산업에 대한 기사나 작품을 쓴다면 당연히 이 산업을 공부해야 한다. 이에 대한 정보와 지식을 쌓는 방법으로는 산업 종사자 혹은 전문 평론가를 취재하거나, 아이돌 덕질을 꾸준히 하며 감을 익히거나, 구글 검색을 열심히 하거나, 관련 서적을 읽어 보는 게 있을 것이다. 이 중 우열은 없으며 갖가지 방법으로 그 분야에 대한 이해의 선명도는 높아진다. 이종범 작가가 말하는 취재

는 공부의 하위 범주로서의 취재보다는 공부 자체에 가까워 보인다. 이것은 개념의 혼용이라기보다는 취재라는 여러 선입관에 얽매이는 대신 취재의 본질에 바로 들어간 것으로 봐야 한다.

"작가 지망생들 중에는 취재를 어렵고 큰일로 보는 사람도 있어요. 그러다 보니 처음부터 힘을 빡 주고 들어가요. 일단 논문 찾고 전문가 인터뷰 하려 들고. 그런데 그건 초벌 취재가 아닌 후반부에 해야 할 전문 취재이고, 처음부터 그렇게 하면 오히려 안 좋은 것 같아요. 팩트가 취재의 핵심이라 보는 사람이 많은데 그건 딱 절반만 진실이에요. 팩트는 딱딱한 현실이라 상상력이 들어갈 여지가 별로 없어요. 그래서 팩트부터 염두에 두고 작업에 들어가면 이야기가 커지질 않아요. 팩트에 갇히는 거죠. 그런데 초벌 취재를 웹 서핑으로 하면 내가 취재하려는 분야에 대한 다양한 이야기와 헛소문 같은 게 엄청나게 나와요. 엄밀하지도 않고 전문적이지도 않지만 그렇기 때문에 상상력을 더하며 이야기를 키울 수 있어요. 그렇게 덩어리를 키운 다음에 더 전문적인 취재를 통해 팩트의 칼로 깎아 나가는 거죠. 마지막이 현역 전문가 인터뷰인데, 그분들을 통해 디테일을 만들어 가는 거고요."

앞서 공부의 다양한 양태에 우열은 없다고 했지만 이종범 작가가 말한 것처럼 순서는 있을 수 있다. 그리고 이는 취재에 있어 상당히 유용한 팁이다. 만약 운이 좋아 당장 해당 분야의 전문가를 바로 취재한다고 하더라도 그에 앞서 웹 서핑이나 독서로 기본 지식을 확보하지 않으면 유의미한 질문을 하기 어렵다. 호기심은 어느 정도의 공부를 통해서만 구체화될 수 있다. 쉽게 예를 들면, 매우 많은 사람들이 왜 한국 기자는 외국 배우 기자회견 때 만날 쓸데없는 질문만 하는지 궁금해한다. 간단히 말해 그 사람에 대한 공부가 부족해서다.

물론 다시 전문 취재로 들어서면 그때부턴 상당히 어려워진다. 취재를 위해 인터뷰 비용을 마련하거나 사칭 명함을 팠다던 앞에서의 이야기처럼, 상대방에게 나름의 이득을 보장해 줄 수 있어야 한다. 유명 작가라면 그의 취재 자체가 취재원에게는 즐거움이자 영광이 될 수도 있다. 이종범 작가는 작가의 위명에 따른 격차를 이야기하며 액션 신을 그리기 위해 류승완 감독의 도움으로 액션스쿨 취재를 했던 강풀 작가의 예를 들었지만, 사실 이종범 작가 본인도 네이버라는 국내 최대 플랫폼 작가이기에 좀 더 쉽게 취재할 수 있었을 것이다. 가령 정신병동이라는, 수많은 '썰'은 있지만 제대로 공개된 적 없는 공간을 배경으로 〈닥터 프로스트〉 시즌 3를 준비할 때 그가 SNS로 취재 도움을 요청하고 실제로 독자이자 병동에서 일하는 의사의 도움으로 취재할 수 있었던 건 〈닥터 프로스트〉 시즌 1, 2를 연재하며 쌓은 인지도 덕분이라는 걸 부정하기 어렵다. 모든 작가 지망생 혹은 작가가 여기까지 할 수 있을지는 알 수 없다. 그럼에도 확실한 건 어디까지 올라갈 수 있을지 모를 때 우리가 할 수 있는 유일한 일은 두 번째 세 번째 계단으로 이어지는 제대로 된 첫 계단을 찾아 밟는 것이다.

한 계단 올라서, 다음 계단을 바라보며

"제가 존경하는 드러머는 조조 메이어인데요. 그 사람 별명이 '구루'예요. 끝까지 탐구하는 사람이기 때문에 그런 거예요. 그 사람의 레슨 비디오를 보면 인체 역학, 운동 역학의 끝을 보여 주거든요. 드러머가 드러밍을 할 때에 벌어지는 모든 사항을 정말 과학적으로 처음부터 끝까지 미분해서 분석해요. 거기에서부터 어떤 테크닉을 만들어 내서 이해시키고 단련하는 과정으로 가거든요."

대학생 시절 드러머로 세션 녹음까지 했던 실력자인 이종범 작가에게 가장 이상적인 예술가란, 혹은 가장 되고 싶은 창작자란 조조 메이어와 같은 존재다. 그렇다면 다시 처음으로 돌아가, 이종범 작가는 〈기생수〉 같은 작품을 만들어 낼 수 있을까? 그건 알 수 없는 일이다. 다만 두 가지는 말할 수 있겠다. 〈기생수〉와 〈히스토리에〉의 작가 이와아키 히토시도 처음부터 '그' 히토시는 아니었다는 것. 그리고 이종범 작가의 〈닥터 프로스트〉 중 가장 뛰어난 시즌은 가장 최근작인 시즌 3이라는 것. 이와아키 히토시 작가의 초기 단편을 모은 〈뼈의 소리〉 해설에서 평론가 이명석은 "그 만화가는 처음부터 중견이 아니었을까? 애초에 '선생님'으로 태어난 게 아닐까?"라고 질문한 뒤 이 초기 작품들에서 "풋내 나는 치기"와 "파릇한 원석의 생명력"을 읽어 낸다. 다시 말해 그토록 완벽한 〈기생수〉를 만든 히토시조차 기대와 불안이 공존하던 미완의 대기였던 시절이 있었다. 물론, 미안한 이야기지만 〈투자의 여왕〉이 〈뼈의 소리〉만큼 인상적이진 않다. 중요한 건 히토시도 날아서 저 산에 오른 것이 아니며, 이종범 작가는 힘겹게 하지만 꾸준히 창작의 산을 오르고 있다는 것이다. 이것은 단순히 노력의 문제만은 아니다. 사람들은 무척 자주 간과하곤 하는데, 노력은 그 자체만으로 경험 자산으로 이어지지 않는다. '경험을 쌓는다'라는 표현은 너무 관용적이라 그 의미를 제대로 드러내지 못한다. 경험을 하는 것만으로 경험이 '쌓이는' 건 아니다. 모든 노력은 이 노력을 왜 하는지, 지금 하려는 목적에 이 노력의 방식이 맞는지 질문하는 과정을 통해서만 성공을 하든 실패를 하든 그걸 바탕으로 다음 단계에 오를 수 있다. 지금까지 길게 설명한 이종범 작가의 웹툰 창작 방법이 위대한 작품을 만들어 내는 방법 중 하나일지는 알 수 없다. 다만 목표를 향해 도전하고 길을 찾아 한 계단씩 올라가는 노력의 방법론이라는 사실은 확실하다. 가장 큰 증거는 〈닥터 프로스트〉 시즌 3이다.

〈닥터 프로스트〉 시즌 3은 지난 시즌과 비교해 모든 면에서 진일보했다. 첫 에피소드에서 정신병동에 프로스트가 부임하는 것처럼 그리다가 실제로 부임하는 닥터 페이커와 난동을 피우다 구속되는 프로스트를 교차 편집하는 연출은, 컷 바이 컷으로 여러 서사 장르를 분석한 그의 연출력이 참신하진 않지만 굉장히 세련된 수준에 올랐다는 걸 보여 주었다. 세월호 사건을 다루며 생존자들의 트라우마를 다루는 에피소드는 더 성숙해진 치유의 테마를 보여 주었다. 반전의 시즌 엔딩은 미국 드라마 〈하우스〉 시즌 2 엔딩을 연상케 한다는 점에서 어느 정도의 논란이 있었으며 나 역시 우연이든 참고한 것이든 서사의 유사성이 크다고 생각하지만, 단순히 반전을 위한 반전이 아닌 자신의 내면과 대면하고 화해하는 과정으로 시즌 3 전체를 재정의한다는 점에서 굉장히 효과적인 장치이자 엔딩이었다. 물론 〈닥터 프로스트〉 시즌 3은 〈기생수〉가 아니다. 그러나 지금은 이렇게 정리할 수 있다. 그는 지금까지 계속 성장해 왔다.

"요즘 대학에서 미래의 동료들과 생활하고 있는데, 처음 교수직을 제안 받고 수락하면서 스스로에게 질문을 하게 되더라고요. 누굴 가르칠 만한 경력이 아닌데 안정적으로 살고 싶은 마음이 내 안에 있었나? 그런데 막상 학교에 와 보니 공부하고 창작하고 연재할 때와 강의를 할 때 제 안의 풍경이 달라요. 전자는 이것저것 책을 펼쳐 보고 흩어 놓고 마구 쌓아둔 상태인데, 강의를 하기 위해서는 제 안의 책들을 분류하고 책꽂이에 꽂아 일목요연하게 정리하는 느낌이에요. 학교에서 강의를 하며 무언가를 배우는 것만큼이나 가지고 있는 걸 정리하는 게 중요하다는 사실, 지금은 그렇게 책꽂이를 정리하는 시기라는 사실을 깨달아요. 한 단계 더 성장한 상태로 또 무대에 오르고 싶다는 마음을 늘 품고 있어요. 두렵기도 하지만 자신 있습니다."

만화가를 꿈꾸던 소년 이종범, 그는 스스로 길을 찾아 성장했고, 그건 우연이 아니었다.

이종범 작가의
휴재 기간

책장의
모든 만화책을
통독하다

Q   만화책의 양이 상당한데 이걸 통독하는 건 공부인가 휴식인가?

내가 가진 모든 만화책을 본다는 건 만화가로서 내가 태어난 곳, 나를 아우르는 구성 성분, 내가 만화가를 꿈꾸며 하고 싶었던 것들을 다시 체크하는 느낌이라 휴식도 되고 힐링도 되고 공부도 된다. 야구 만화인 〈드림〉을 보면 껄렁껄렁한 야구선수가 남들은 다리 훈련 하느라 계단을 오를 때 혼자 설렁설렁 계단을 내려가는 훈련을 한다. 실제론 어떤지 모르지만, 쉬워 보이고 노는 것처럼 보이는 그 훈련이 실은 엄청 생산적인 운동이라고 만화 안에서 설명하는데 그런 느낌인 것 같다.

Q   운동에 비유했으니 그럼 만화책을 통독하는 과정은 스트레칭과 근력 운동 중 어디에 가까운 것 같나?

이것도 만화 안에서 나오는 설명인데, 계단을 내려갈 때 쓰는 근육의 형태는 스트레칭을 할 때와 비슷하지만 이걸 지속하면 웨이트 트레이닝을 하듯 근육이 파열되고 재구성되면서 유연함과 근력 모든 게 향상된다고 한다. 나도 비슷하다. 만화가가 되면 공부하듯 만화를 보게 돼서 싫어진다는 말에 공감하면서도 반은 동의 못한다. 난 이걸 공부하겠다는 마음 없이 보지만 만약 백 권의 만화책을 보면 서로 다른 영역이 자극되는 동시에 백 개의 영역에서 겹치는 지점이 생긴다. 그럼 공부하려는 마음이 없어도 이해하고 연습하고 체득되는 과정이 동반된다. 즐기면서, 그게 내가 만화를 대하는 태도다.

Q   그럼 그 스트레칭과 근력 운동 이후에 만화를 그리면 달라진 게 느껴지나?

운동이 됐다는 걸 느낀다. 동료 작가와 이야기할 때 많이 느끼는데, 보통 작가들끼리 서로 난 이런 걸 힘들어 하는데 쟤는 쉽게 한다, 난 이게 쉬운데 쟨 어렵게 한다, 이런 부분이 있다. 그중 내 경우에는 만화를 일상적으로 접하며 자라 왔기에 쉬운 것들이 있다. 가령 컷 크기를 조절하면서 콘티를 짤 때 컷의 크기를 어떤 호흡 안에서 조절해야 할지 고민하는 신인 작가들이 많은데 난 그게 꽤 자연스럽게 되는 편이다. 마치 한국인이 한국말을 하듯, 원어민처럼 콘티를 짜는 편이다. 물론 그림을 그리거나 스토리를 짜는 건 외국어를 쓰듯 하고 있지만 만화라는 전체 언어 안에선 어느 정도 원어민에 가까운 것 같다.

Story

한지원

〈생각보다 맑은〉

한지원

창작자들의 엘리트 코스라 할 수 있는 한국예술종합학교에서 애니메이션을 전공했고, 대학 2학년 때 출품한 단편 애니메이션 〈코피루왁〉으로 제6회 인디애니페스트에서 대상을 수상했다. 보통 5분 내외인 여타 단편들보다 훨씬 볼륨이 큰 20분짜리 작업물을 내놓으며 선배 작가나 감독들에게 괴물, 천재라는 평가를 받기도 했다. 〈코피루왁〉으로 단숨에 한국 애니메이션계의 주목을 받는 라이징 스타가 되었고, 2015년 〈코피루왁〉을 포함해 네 편의 단편을 묶은 옴니버스 장편 〈생각보다 맑은〉을 극장 개봉하기도 했다. 비록 여전히 협소한 국내 극장 애니메이션 시장의 현실을 경험해야 했지만, 그럼에도 다양한 외주 작업과 웹툰 연재 등으로 생계를 유지하며 옴니버스가 아닌 진짜 장편 극화 애니메이션을 만들어 시장을 개척하겠다는 꿈을 잃지 않고 있다. 1인 작업을(심지어 때론 녹음까지 직접 하며) 자주 하고 순간순간의 디테일을 통한 정서의 표현에 능해 한국의 신카이 마코토라고도 불린다. 물론 본인은 이 수식을 매우 부담스러워 한다.

생각보다 맑은

한지원 감독이 대학 2학년 때 출품해 제6회 인디애니페스트 대상을 수상한 〈코피루왁〉과 졸업작품 〈사랑한다 말해〉, 그 사이에 작업했던 〈럭키미〉와 〈학교 가는 길〉, 이렇게 네 편의 단편을 묶은 옴니버스 애니메이션이다. 웹툰 작가 고아라의 원작을 바탕으로 대학 졸업을 앞두고 생계와 대학원 진학 사이에서 고민하는 애니메이션 전공자의 모습을 조금은 자전적으로 담아낸 〈럭키미〉, 비밀 연애 중인 사내 커플의 갈등과 화해를 말 그대로 만화적 상상력으로 풀어낸 코믹 단편 〈사랑한다 말해〉, 입시 앞에서 꿈을 포기해야 하는 고등학생의 우울한 현재를 담아낸 〈코피루왁〉, 등교한 주인을 쫓아 학교를 찾아가는 반려견의 모험을 담은 〈학교 가는 길〉의 순서로 진행된다. 각각의 이야기는 서사가 연결되진 않지만, 대학에 가야 한다는 압박에 시달리다 자살한 〈코피루왁〉의 소년, 대학에 갔음에도 또 다시 졸업을 앞두고 꿈과 현실 앞에서 고민해야 하는 〈럭키미〉의 주인공처럼, 동시대의 분위기 안에서 느슨하게 묶인 두 작품과 분위기를 환기하는 나머지 두 작품이 적절한 정서의 흐름을 만들어 낸다.

좋아하는 걸 하고 싶어
사랑도, 미래도

생각보다 맑은
27은

015.01 당신의 첫걸음과 함께 합니다

©한지원

©한지원

순간의 장면이
살아 숨 쉬는
애니메이션의 매력

작가와 작품을 만나기 전에 그에 대한 극찬부터 접하는 건 그리 달갑지 않은 경험이다. 기대치가 높아져 정작 작품을 보면 실망할 수도 있고, 반대로 권위의 힘에 흔들려 실제 이상으로 과대평가할 수도 있다. 그런 면에서 한국 애니메이션계의 기대주로 꼽히는 한지원 감독과의 첫 만남은 살짝 어긋난 셈이다. 그에 대한 인터뷰 기사에선 "유래를 찾기 힘든 뉴타입"(연상호 감독), "괴물, 우리나라에 온 놀라운 선물"(박재동 작가) 같은 해당 분야의 거장이라 할 이들의 찬사가 한지원 감독을 수식하고 있었다. 솔직히 말하면 곧이곧대로 믿진 않았다. 결코 대중적이라고 말할 수 없는 한국 독립 애니메이션 시장의 성격을 생각했을 때 그의 재능이 대중적인 재미와 괴리된 것은 아닐까, 우려가 든 것도 사실이다.

그리고 한지원 감독의 작품을 보고 난 뒤에는 왜 그런 찬사가 있었는지 이해가 되는 동시에 앞서의 우려 역시 조금 더 커졌다. 2010년 대학 2학년이던 그가 한국 유일 독립 애니메이션 영화제인 인디애니페스트에서 대상을 수상한 작품 〈코피루왁〉을 비롯해 대표 단편 네 편을 옴니버스로 묶은 〈생각보다 맑은〉은 모두 반짝반짝 인상적인 장면을 남겼다. 특히 짧은 코믹물인 〈사랑한다고 말해〉에서 수영장이 폭발하면서 주인공이 거대한 파도를 타고 빌딩숲을 누비는 장면은 박력 넘치면서도 현실과 비현실의 경계를 무너뜨리는 효과를 보여 주었고, 〈코피루왁〉에서 미국 록그룹 키스의 형상을 한 헤비메탈의 신이 주인공의 꿈에 등장하는 장면은 그 하나만으로도 왜 그에게 대상을 선사했는지 이해가 갈 만큼 압도적이다.

하지만 〈럭키미〉나 〈코피루왁〉에서 이야기하는 현실과 꿈의 괴리에 대한 테마 자체는 어느 정도 기시감이 들었고, 그가 레진코믹스에서 연재한 웹툰 〈피아노 마주보기〉까지 더해 각 작품의 스토리텔링은 소위 흥미진진한 것과는 거리가 멀었다. 대사나 독백도 직관적이진 않았다. 그의 명백한 장점과 내가 느끼는 아쉬움 사이의 간극을 어떻게 이해하고 좁힐 수 있을 것인가, 그것이 인터뷰의 첫 출발점이었다.

가상의 시공간에 일렁이는 에너지

"애니메이션을 만들고 싶다는 게 먼저였어요. 그래서 이야기를 찾았는데, 제가 최근에 겪은 강렬한 사건이 입시였기에 그 이야기를 풀어낸 거고요."

〈코피루왁〉의 탄생 과정에 대한 한지원 감독의 설명은 짧지만 그와 내가 서사 장르에 가진 생각의 차이를 선명하게 확증해 주었다. 함께 메탈 합주를 하던 고등학생 주인공들이 입시 문제로 충돌하다가 한 명이 꿈과 현실의 갈등 앞에서 자살을 선택하는 다소 과격한 엔딩의 이 작품은 스토리의 개연성에 있어 아주 친절하진 않다. 엔딩 또한 급작스럽다. 하지만 소년이 자살하는 모습을 소년의 환상에 비친 곰에게 맞아 머리가 부서지는 것으로 표현한 장면의 섬뜩함과 기발함은 강렬한 인상을 남겼다. 한지원 감독은 행동과 행동 사이의 이음매보다는 각 행동에서 드러나는, 더 정확히는 행동을 비추는 각각의 신에서 드러나는 강렬한 에너지를 더 중요하게 생각하는 듯했다.

"1학년 때 과제로 했던 짧은 동화(원화를 이어 움직임을 만들어 내는 그림) 제작 결과물을 토대로 더 발전시켜 나갔어요. 사실 처음 시나리오에는 음악이 더 많이 들어갔고, 남녀 주인공이 서로의 음악을 질투하는 이야기에 새드 엔딩도 아니었는데, 입시라는 소재가 들어가면서 이야기가 심각해지고 자살까지 가게 됐어요. 당시 저는 입시를 끝낸 지 얼마 안 된 상황이었는데, 집안 사정이 어렵거나 주위의 압력 때문에 미술을 포기하는 친구들을 보면 납득이 되질 않았어요. 자살이라는 큰 사건을 배치한 건 그림을 안 그리는 제 삶을 상상하기 어려워서 다다른 이야기예요. 자기 하고 싶은 걸 못하면 달리 선택할 수 있는 게 있을까? 이런 생각이 들더라고요. 죽음이나 자살 자체를 이야기하고 싶었다기보다는 그 절망감을 표현하고 싶었어요. '하고 싶은 걸 못하는 건 이렇게 심각한 일이야'라고요. 그땐 그것들을 좀 더 여과 없이 보여 주고 싶었어요."

그는 지금이라면 "자살로 마무리하진 않았을 것 같다"고, "지금은 하나의 길로 갔을 때만 행복한 건 아니라는 걸 이해하니까"라고 말하지만 또한 "그 시기에만 할 수 있는 이야기였기에 그 작업의 의의가 있는 것 같다"고도 말한다. 그는 결코 작법에 능숙한 창작자는 아니다. "이야기가 중요하다면 굳이 애니메이션을 할 필요는 없겠죠. 이야기를 표현하기에 애니메이션 작업은 굉장히 노가다니까요"라고 그는 말하지만 그렇다고 그가 스토리보다는 이미지에만 집중하는 창작자라고 말하는 것 역시 반쪽짜리 설명이다. 그는 애니메이션이라는 매혹적인 가상의 시간과 공간을 채우기 위해 자신이 좋아하는 것과 관심 있는 것, 느끼는 것을 쏟아붓는 유형에 가깝다. 이제 질문은 '그는 애니메이션으로 무엇을 담아내고 싶은가'로 전환되어야 할 것이다.

디테일한 연출로 보여 주는 작가의 세계

한지원 감독은 특유의 색감과 빛의 활용, 그리고 1인 작업을 자주 해 왔다는 사실 때문에 종종 〈너의 이름은〉, 〈초속 5센티미터〉의 신카이 마코토 감독과 비교되고는 한다. 물론 본인은 부담스러워 하지만 스스로도 일본 애니메이션의 영향을 많이 받았다는 것은 부정하지 않는다. 좋아하는 애니메이션으로 지브리 스튜디오의 거의 모든 작품들을 꼽은 그는 흥미롭게도 〈짱구는 못 말려〉 극장판 시리즈에도 강한 애착을 드러냈다.

"제가 〈짱구는 못 말려〉 극장판을 좋아하는 건 짱구 캐릭터의 매력 때문이기도 하지만 그 복잡한 장편 애니메이션을 매번 좋은 연출력과 이야기로 지속적으로 뽑아내는 게 정말 매력적이에요. 대신 그런 건 없어요. 좋은 캐릭터를 만들어서 원소스멀티유즈로 대대손손 잘 먹고 잘살아야겠다는 그런 거요."

중요한 건 해당 시리즈를 각각의 개별 작품으로서 좋아한다는 것이다. 말하자면 영화 〈아이언맨〉이나 〈어벤져스〉 각각을 재밌게 보되, 그 모든 것을 아우르는 마블 유니버스에는 크게 관심을 가지지 않는 격이다. 그는 각 작품이 어떤 세계관, 어떤 캐릭터, 어떤 테마를 공유하느냐보다는 오히려 각각은 어떻게 다른지 그 디테일에 집중한다.

"애니메이션은 표현되는 과정 자체가 매력이라고 봐요. 변환하는 과정에서 작가의 의도가 계속 들어가야 하거든요. 한 획을 그어도 그 의미와 이유가 있어야 하죠. 빛이나 공기에서도 주인공은 저런 공기에 둘러싸여 있구나, 이런 걸 2D인데도 불구하고 느낄 수가 있죠. 특정한 공간과 분위기 안에서 디테일한 감정이 구체화되고 어떤 미묘한 순간이 만들어지는 거예요."

그래서인지 그는 픽사와 디즈니의 명료하고 보편적인 테마와 쉽게 이해되는 스토리텔링을 팬의 입장에서는 좋아하지만 자신이 가야 할 길이라고 생각하진 않는다.

"개인적으론 우정이나 사랑, 가족애처럼 보편적인 주제에 흥미를 못 느끼는 편이에요. 보편적인 게 안 좋다는 건 아니고, 그보다는 연출을 통해 디테일한 자기만의 관점을 보여 주는 데 관심이 많아요. 가령 지브리 스튜디오의 작품은 의외로 주제 의식을 전달하는 데 있어 그렇게 친절하진 않아요. 대신 연출 안에서 자신만의 관점을 디테일로 살려 내는 편이죠."

관점을 디테일로 보여 준다는 멋진 말은, 하지만 바로 이해되는 개념은 아니다. 이것은 작품을 통해서만 직관적으로 이해할 수 있는 영역이다. 각각의 창작자가 저마다의 디테일을 통해 구현해 내는 결과론적인 개념이기 때문이다. 그리고 그는 그런 결과물을 내기 위한 과정의 철저함을 고민하는 창작자다.

"개인적으로 작업을 할 때 그림은 보기 좋은가, 이 부분에서 감정이 잘 전달되는가, 이해하긴 쉬운가 같은 질문을 던지는 건 작가 개인의 개성이나 세계관 같은 것을 관객이 받아들일 수 있는 형태와 언어로 변환하기 위해서라고 생각해요. 이런 고민의 결과가 관객의 감상으로 전환되는 과정이 시간 순으로 순차적으로 쌓여 가면 마침내 한 줄 말이나 글로는 표현하기 힘든 미묘한 세계관을 제시할 수 있다고 보는 거죠. 주제 의식을 어떻게 전달할지 의도적으로 계산해서 만들 수도 있을 거고 기술적으로도 그런 부분이 필요하기도 하지만 거기에 집착하면 자칫 관객에게 어떤 생각을 반복적으로 강요하는 작품이 될 수도 있기 때문에 디테일에 더 집중하려고 해요."

플로베르는 모파상에게 "모래알도 같은 것 두 개는 없다"고 말했다. 이 격언은 한지원 감독의 애니메이션'론'과 가까워 보인다. 과연 어떤 애니메이션 감독에게 한 컷 한 컷이 중요하지 않겠느냐마는 그는 정말로 어느 것 하나 허투루 넘어가지 않는다. 프로페셔널이냐 아니냐의 문제를 떠나 그것이 애니메이션의 본질이라고 보기 때문이다. 그런 면에서 〈생각보다 맑은〉에 수록된 마지막 작품 〈학교 가는 날〉은 한지원 감독의 의도가 가장 명확하게 드러난 작품일 것이다. 반려견 마로가 등교하는 보호인을 쫓아 말 그대로 산 넘고 물 건너 모험을 하는 과정을 담은 이 작품에 대해 한지원 감독은 "거의 모든 장면에서 '이 장면을 하려고 애니메이션을 한 것 같아'라고 느꼈다"고 말한다. 집에 혼자 남은 개의 감정, 산의 분위

©한지원

기, 풍경, 그 모든 것들에 대한 디테일. 여기서 과연 함께 동행하던 까마귀가 마루를 들고 나는 장면이 실제로 가능한가? 동물원에서 탈출한 기린과의 만남은 개연성이 있는가? 이렇게 묻는 건 작품에 밀착한 질문은 아닐 것이다. 중요한 건 그 모든 여정이 끝난 뒤에 가슴에 살짝 가라앉은 감정의 정체다. 그를 '뉴타입'이라 불렀던 연상호 감독이 〈돼지의 왕〉, 〈사이비〉 같은 작품에서 동시대에 내재한 폭력의 단면을 명확한 주제 의식과 기승전결로 풀어내는 리얼리스트라면, 한지원 감독은 켜켜이 쌓인 장면 장면의 총체를 남기려고 한다. 이건 미숙한 게 아니라 그냥 다른 거다. 신카이 마코토가 담아내는 어떤 일회적인 순간의 설렘과 호소다 마모루가 그려 내는 조금은 전형적이지만 인간의 보편적 감정을 자극하는 이야기가 다른 것처럼.

왜 웹툰이 아닌 애니메이션인가

출판 만화와 웹툰의 차이가 연재 플랫폼이 지면이냐 웹이냐 정도의 차이라면, 만화와 애니메이션은 작업 방식부터 결과물까지 너무 많은 것이 다른 매체다. 그렇기 때문에 궁금했다. 그는 젊은 나이에 왜 애니메이션 감독이 됐을까? 다시 말하면 입시 미술을 하고 한국예술종합학교(이하 한예종)에서 엘리트 교육을 받으면서 왜 최근 산업적으로 더 많은 인력이 몰리는 웹툰 대신 애니메이션을 선택했을까? 심지어 그는 국내 주요 웹툰 플랫폼 중 하나인 레진코믹스에서 〈피아노 마주보기〉라는 웹툰을 연재하며 애니메이션 작업을 병행하기도 했다. 선택의 기로에서 그를 애니메이션으로 이끈 것은 무엇인가. 정확히 어떤 재능과 취향이 그런 선택을 하게 만든 것일까? 왜 A를 선택했느냐는 질문은 왜 B와 C를 결정하지 않았느냐는 질문을 포함한다.

"되게 설명하기 어려워요. 애니메이션 하는 걸 너무 당연하게 생각하니까요. 웹툰 연재를 하며 뭔가 배우거나 돈을 벌어도 애니메이션 만드는 데 투자를 하고. 주변 사람들과 아이디어 회의나 대화를 거쳐 결과를 만들어 공유하는 과정이 지금까지 살아오며 겪은 일 중 가장 보람 있고 의미 있다는 생각이 들어요. 왜 거기에 의미를 느끼는지는 모르겠지만."

당연하게 느껴진다는 말은 그 자체로 개인의 성향을 드러낸다. 최규석 작가는 작품 〈송곳〉의 취재를 하며 민주노총 변호사에게 어느 정도 사회에서 성공이 보장된 변호사라는 길 대신 왜 이 길을 선택했느냐 질문했던 경험에 대해 이렇게 말했다.

"그들의 갈림길은 거기 있던 게 아니었다. 그 이전부터 수없이 나뉘어 온 갈림길에서 어쩌다 이런 인간이 됐느냐는 거였다."

그렇다면 한지원 감독은 어떤 갈림길을 걷다 지금 여기에 이른 걸까?

만화방 손녀가 애니메이션 감독이 되기까지

거의 대부분의 만화가들 역시 그러하듯, 한지원 감독 역시 만화 그리는 것을 좋아하고 재능도 있던 아이였다. 큰할머니가 만화

방을 해서 남보단 만화를 쉽게 보고 자랄 수 있는 환경이었지만 그는 보는 것보다는 그리는 걸 더 좋아하고 관심 있었다. 단순한 모작은 아니었다. 스토리텔러로서의 재능이 돋보이는 만화가들이 공통적으로 하는 말은, 그림을 잘 그리는 사람보단 소위 '졸라맨' 그림으로라도 네 컷 만화를 완성하는 사람들이 만화가가 될 확률이 높다는 것이다. 한지원 감독 역시 그러했다.

"제가 지금도 가장 좋아하는 작품이 〈짱구는 못 말려〉인데, 이 작품을 보면서 짱구 캐릭터를 똑같이 따라 그리는 아이가 있을 거고, '이 작품은 어린 아이가 나와서 가족과 함께 벌이는 소동극이네'라면서 이야기의 구조를 따라 그리는 아이가 있을 거예요. 전 그림 자체를 따라 그렸던 적은 많지 않은 것 같아요."

여기까진 여느 재능 있는 만화가들의 성장 과정과 크게 다르지 않다. 그런 그가 "종이 한 장 차이"로 애니메이션을 선택하게 된 건 대학 진학을 결정하는 과정에서 한예종 애니메이션 학과를 고르면서였다. 미대에 진학하면 만화나 애니메이션을 할 수 없다고 생각했고, 성적 문제에 있어서도 백퍼센트 실기인 한예종에 '올인'하는 게 더 낫다고 생각했다. 진학에 성공하고 커리큘럼을 따르다 보니 애니메이션을 먼저 하게 되었고, 하다 보니 적성에도 잘 맞았다. 인생의 방향을 결정짓는 순간에 대한 설명으로선 조금 맥 빠지는 이야기지만, 사실 중요한 건 바로 그 '종이 한 장 차이'다.

"한예종이라는 학교의 명성이 있긴 하지만, 학교 자체가 그냥 일반 명문대의 느낌이 아니기 때문에 그 학교 분들의 작업을 더 봤던 것 같아요. 되게 특이하거든요. 실험적인 스타일도 많고, 유명한 작가님들도 한예종 출신이 많았고요."

　이것도 그냥 어쩌다 보니 그러했던 우연일까? 하지만 왜 한예종을 이루는 다양한 맥락 중 유독 그 안의 창작자들이 보여 준 실험적인 스타일이 눈에 띄었던 걸까? 나는 이것이 그 순간 작용했던, 그리고 그 이전과 이후로도 기로마다 작용해 그의 작업을 지금에 이르게 한 '종이 한 장 차이'라고 본다. 만화는 대중적이고 애니메이션은 실험적이라고 말할 수는 없겠지만, 한국 독립 애니메이션계에서 번뜩이는 미학적 시도들이 자주 등장하는 건 사실이다. 한지원 감독의 작품은 독립 애니메이션을 기준으로 했을 땐 상당히 대중적인 작법을 보여 주지만, 반대로 웹툰이나 여타 지상파와 케이블 방송을 통해 방영되는 상업 애니메이션과 비교했을 땐 난해할 정도는 아니더라도 충분히 실험적인 시도를 보여 준다. 만화 그리는 걸 좋아하던 아이는 모작보단 만화의 구성을 담아내는 걸 좋아했고, 구성에 관심을 가지면서도 스토리텔링보단 순간의 분위기에 더 흥미를 느꼈다. 그렇게 조금씩 조금씩 갈림길을 지나며 지금 애니메이션 감독 한지원에 이르렀을 것이다. 물론 그는 매우 젊고, 앞으로 그의 앞에는 수많은 갈림길이 놓이겠지만.

대한민국에서 애니메이션 창작자로 사는 일

　한지원 감독과의 첫 만남 당시 그는 마침 외주 애니메이션 아르바이트를 마친 때였다. 그의 표현을 그대로 빌려오자면 "생계를 위한 애니메이션 작업"이었다. 이것은 그가 속한 한국 애니메이션 시장의 현실을 보여 주는 한 단면처럼 보인다. 센세이션이나 다름없던 유아용 애니메이션 〈뽀롱뽀롱 뽀로로〉 등을 만든 아이코닉스나 완구 사업과 연계해 저연령층 공략에 성공한 〈변신자동차 또봇〉의 레트로봇 등 제법 규모 있는 회사의 사례를 제외하면 한국 애니메이션 시장에서 상업적으로 크게 성공하거나 생계 걱정 없이 작품에만 몰두하는 건 쉽지 않은 일이다. 애니메이션뿐 아니라 한국 영화 사상 제작비에 비해 완성도가 부족한 작품 중 하나로 꼽히는 〈원더풀 데이즈〉까지 떠올리진 않더라도, 극장 장편 애니메이션으로 백만 단위로 흥행한 국내 작품은 2011년작인 〈마당을 나온 암탉〉이 마지막이고 평단의 찬사를 받던 연상호 감독은 실사 영화 〈부산행〉을 통해 비로소 상업적 성공을 손에 넣었다. 이런 상황에서 한국 애니메이션의 젊은 스타로 꼽히는 한지원 감독조차 생계를 위해 본인 작품 활동과는 별개로 외주 아르바이트를 하고, 단순히 돈을 벌겠다는 목적은 아니지만 꾸준히 입금되는 고료를 위해 웹툰을 연재하기도 했다.

"현재 스튜디오 알로에서 다른 사람들과 함께 일하고 있는데 작업 분배는 하더라도 다달이 월급이 나올 수 있는 시스템은 아니에요. 특히 개인 작업을 하는 경우에는 더 그렇죠. 다달이 돈을 벌기 위해선 외주 작업을 꼬리에 꼬리를 물고 해야 하는데 그러면 제가 제 집 바깥의 스튜디오에서 일할 이유가 없어질 거고요. 그래서 초반에는 지원 사업에 선정되는 것을 많이 생각했어요. 웹툰을 시작하게 된 것도 어느 정도는 그런 이유였고요."

좋아하는 일을 지속하기 위한 고민의 무게

물론 좋아서 하는 일에 누구도 왈가왈부할 수 없다. 하지만 개인은 좋아하는 감정만으로 한 직업에 자신을 걸 수 있을지언정, 어떤 직업도 몇몇 사람들의 좋아하는 감정만으로 유지될 수는 없다. 여기에는 전망이 필요하다.

"시장이 생겼으면 하는 게 큰 바람이자 목표죠. 지금은 단편 작업을 하고 있지만 결국 극장 개봉하고 그에 따른 관객 수익이 나올 수 있는 건 장편 애니메이션일 거예요. 그래서 지금 제 작업을 하면서 장편에 대한 계획을 세우고 있어요. 다시 말해서 맨땅에 헤딩하겠다는 마음으로 하고 있는 건 아니란 거죠."

그는 맨땅에 헤딩은 아니라고 했지만 정확히는 나름의 계산을 통해 금광, 하다못해 탄광이라도 있을 곳을 가늠해 타격하는 헤딩이다. 이것은 생계라는 아주 근본적인 문제에서뿐 아니라 창작 방향에 있어서도 매우 중요한 차이를 만든다. 흔히 프로와 아마추어를 가르는 가장 큰 차이를 해당 작업으로 돈을 버느냐 벌지 않느냐로 본다. 이것은 퀄리티의 문제나 상업적인 욕심의 문제가 아니다. 모든 직업엔 자기만족적인 면이 있지만 프로페셔널은 여기서 멈추지 않고 사회적 분업의 입장에서 대중의 필요를 충족시킬 수 있어야 한다. 이것이 창작의 영역으로 갈 땐 결국 불특정 독자 혹은 관객과의 소통 문제가 된다. 프로페셔널한 창작자도 돈을 못 벌 수 있다. 하지만 적어도 그는 자신의 세계를 표현하는 데 만족하지 않고 자신의 세계로 타인을 어떻게 만족시킬 수 있을지 고민하고 그 안에서 더 발전하길 바란다. 애니메이션이라는 분야 안에서 시장을 만들고 싶다는 한지원 감독의 바람은 필연적으로 창작 과정에 대한 고민과 반성을 동반한다.

"아쉬움이 동기인 것 같아요. 성공의 기준이 뭔지는 잘 모르겠어요. 〈생각보다 맑은〉이 백만 관객을 모으면 성공일까? 그러면 좋겠지만 제가 봤을 때 작품은 별론데 천만이 모인다고 해서 성공이라고 생각할 것 같지는 않아요. 그런 면에서 〈생각보다 맑은〉 극장 개봉 덕에 생각할 게 많아졌어요. 우선 단편들을 모아 장편으로 냈지만 처음부터 옴니버스를 기획하고 만든 단편들이 아니기 때문에 관객들이 총 러닝타임 동안 오롯이 즐기기엔 방해되는 요소가 많았을 거예요. 고민해서 네 개 작품을 배치했지만 아주 썩 만족스럽진 않고요. 그러면서 하나의 길고 통일된 이야기를 하고 싶다는 생각도 들었어요. 영화 개봉을 하고 받은 가장 중요한 피드백은 결국 누군가와 함께 본다는 경험 같아요. 전에는 제 작법을 누군가 볼 거라는 무게감을 생각해 본 적이 없는데 이젠 괴로울 정도로 생각하게 되는 부분이 있죠. 부끄러운 게 많아요. 당장 누군가 직접적으로 피드백을 주지 않아도 '아, 이 부분 지루하겠네, 이 부분 뚝뚝 끊기네, 저 사람들에게도 그렇게 느껴지겠네'라는 게 생기죠. 그러면서 스스로에게 더 엄격해지는 것 같아요."

한지원 감독은 웹툰 〈피아노 마주보기〉에서의 경험까지 더해 자신의 스타일을 유지하면서도 더 대중적으로 소통하는 법을 고민 중이다. 현재 한국 애니메이션 시장에서 이러한 시도는 아직까진 쉽지 않지만 없는 시장이 생기길 마냥 기다리는 것보단 그렇게 될 만한 곳을 가늠하며 타격하는 것이 훨씬 낫다. 시장을 개척한다는 것은 그런 것이다. 물론 이것이 유의미한 결과로 이어질지는 알 수 없다. 다만 이건 말할 수 있겠다. 십수 년 전 웹툰 시장 역시 그러했다.

목표를 위해 호흡을 맞춰 가는 과정, 협업

직업 마감 생활자들은 안다. 창작의 상당 부분은 육체노동이라는 것을. 수많은 원화로 동화를 만들어야 하는 애니메이션 작업에서는 더더욱 개인의 시간과 체력을 갈아 넣어야 한다. 애니메이터의 노동 강도를 가장 쉽게 설명할 수 있는 것은 애니메이션에 사용되는 동화의 수를 확인하는 것이다. 과거 디즈니 2D 애니메이션의 경우 1초에 24장의 동화를 썼으며, 일본 애니메이션의 경우 그보다 훨씬 적게 1초에 8장의 동화를 사용하는데, 그렇게만 따져도 한 시간짜리 애니메이션에 사용되는 동화는 2만 8800장이다. 한지원 감독이 데뷔 당시 1인 제작이라고 믿기 어려운 분량과 완성도 때문에 신카이 마코토와도 비견됐던 건 그래서다. 하지만 그가 밝혔듯 대중적인 접점과 상업적인 성과를 내기 위해서는 작품의 실험성과는 별개로 장편 작업을 해야 하고, 그러기 위해선 필연적으로 동료들과 협업해야 한다. 지금은 떠났지만 인터뷰 당시, 그는 스튜디오 알로에서 동료들과 함께 작업을 하는 중이었다.

"공동 작업은 힘이 많이 돼요. 만약 혼자 했다면 절대로 생각하지 않았을 부분까지 생각하게 되니까요. 사실 장편을 하겠다는 것도 혼자였다면 생각하지 않았겠죠. 불가능해 보이던 것들이 계획이 되고 손에 잡히는 목표가 되니까 그게 힘이 돼요. 서로 '이런 작품이 나왔다, 이건 이런 기능을 사용한 게 아닐까? 이거는 우리도 사용해 보자' 이런 아이디어를 나누는데, 혼자 작업을 하면 그런 생각을 하는 것조차 다 피곤해요. 내가 할 수 있는 범위가 한정되고 그것만으로도 벅차니까 방어적이게 되죠."

흔히 꿈의 크기에 따라 할 수 있는 일도 비례해 커진다고들 하지만, 오히려 현실에선 역인 경우가 더 많다. 일을 할 수 있는 능력이나 여건 등이 좋아질 때 생각의 크기, 상상의 크기도 비례해서 커진다. 이건 조금 다른 이야기지만 젊은 창작자들에게 꿈의 크기를 강조하는 것보다, 그들이 생각의 크기도 키울 수 있을 만한 현실 조건을 만들어 주는 것이 정책적으로도 필요하다.

협업이란 단순히 어떤 큰 덩어리의 일을 각각 나눠서 하는 문제가 아니다. 공동 작업은, 특히 창작 작업에서의 협업은 포드식 분업이 아닌 세밀한 커뮤니케이션이 동반된다. 어떤 작업에 있어서 커뮤니케이션 능력은 창작 능력의 커다란 지분을 차지한다.

"당연히 갈등은 있죠. 사람과 사람간의 문제라기보다 개인 작업과 공동 작업의 차이인 것 같은데 개인 작업의 경우 규모는 작은 대신 본인이 컨트롤할 수 있는 범위가 넓고 그렇기 때문에 그 컨트롤이 완벽하면 어느 정도 결과가 만족스럽게 나와요. 반면 협업의 규모가 커질수록 개인이 컨트롤할 범위는 작아지고 어느 순간 기대를 덜해야 할 때도 있죠. 처음에는 당연히 힘들어요. 원하는 결과는 안 나오고, 서로의 자아가 충돌하고, 상대의 자아를 무시하고 싶고. 그렇게 오래 하다 보면 서로 이해하는 부분이 생기고 '이 사람 작업에선 이걸 맞춰야 하는구나, 이런 피드백은 소용없구나, 반대로 이런 피드백의 타이밍은 지금이구나' 이런 커뮤니케이션의 기술이 생겨나죠. 그러다 보면 훨씬 더 커다란 공정을 나눌 수 있고 협업의 가능성도 커지니까 여러 갈등을 참고 견디며 진행하는 것 같아요."

그는 자신의 자아와 타인의 자아를 절충하며 다른 사람과 함께 일을 할 줄 아는 사람이다. 물론 그게 좋은 게 좋다는 식일 수는 없다.

"다들 조금씩 남의 작업에 관대하지 못한 부분은 있죠. 저는 확실히 그런 것 같아요. 공동 작업을 하며 호흡을 처음 맞춰 보는 사람에게서 작업물을 받은 순간 '왜, 왜, 이렇게 했지?' 하고 '멘붕'에 빠져요. 하지만 함께 일하는 사람 중에 제가 제일 까다로운 건 아니에요. 디핀 시람이 있는데 사실 저도 그분한테 배웠죠. 일이라는 게 까다롭게 굴어야지 하고 마음먹어서 까다로워지는 게 아니잖아요. 좋은 결과가 나와야 하니까 까다로워지는 건데, 까다로운 게 서로 기분 좋을 수는 없죠. 어쨌든 거부 당하는 과정이니까요. 그래도 익숙해지려고 해요. 서로 기분 좋아지자는 목적으로 작업하는 게 아니잖아요."

상대방의 기분을 배려하는 것이 중요하지 않거나 요식 행위라는 뜻은 아니다. 다만 철저한 공정에 있어 서로의 비판, 중간 단계에서의 반려는 선택의 문제가 아닌 고정값이다. 한지원 감독의 말대로 까다로운 게 서로 기분 좋기란 어려운 일이다. 일을 하러 모인다는 건 그런 거다. 덜 기분 나쁘게 윤활유를 더하며 일을 할 수는 있겠지만 갈등과 까다로움 자체를 피하는 건 일을 제대로 하지 않겠다는 뜻이다. 그리고 이런 전제 조건을 이해하면 오히려 불필요한 감정 소모를 줄일 수 있다. 어떤 작업을 소위 '날려야' 하는 순간에서도 마찬가지다.

완성도를 위해 잘 버리는 기술

"저희는 가편집을 많이 하면서 중간 중간에 어떻게 진행됐는지 자주 확인하거든요. 처음에 의도했던 게 결과는 '구릴' 수도 있다고 생각해요. 그렇기 때문에 처음엔 되게 끝내주는 아이디어라고 생각해서 시도했던 걸 전체 작업물과는 안 어울려서 폐기할 때도 있고요. 협업을 한다면 점점 더 작업이 좋아져야지, 처음의 아이디어에 매달려서 좋아지지도 않는 걸 붙잡는 건 원하지 않아요. 그렇기 때문에 녹음도 미리 하지 않고요."

감히 여럿의 노동이 집약된 애니메이션 작업과 비교하긴 어렵겠지만 글을 쓸 때도 비슷한 경험을 한다. 굉장히 '간지'나는 문장이 떠올라 그것을 활용하려 했는데 오히려 그것 때문에 글의 흐름이 막히고 어색해지는 상황. 아까운 한 문장을 뺄 수 있느냐 없느냐는 것이 결과물의 완성도와 작업 속도를 결정할 때가 의외로 많다. 그리고 한지원 감독과 그 동료들 역시 그러하다.

"버릴 때 굉장히 시원해요. 가편집할 때 보다가 이걸 딱 덜어내면 말이 되겠다 싶으면 다 같이 버리자고 해요. 얼마나 고생해서 그 신을 만들었든 간에 빼자고 하죠. 편집하는 단계에선 편집에 대한 생각을 하지, '나 이거 만들 때 힘들었어' 이런 생각을 하진 않으니까요."

어떻게 그렇게 아쉬움이 없는 걸까? 그리고 그 원칙을 어떻게 다 공유할 수 있을까? 사람들이 어떻게 그리 다 쿨할까?

"좋은 작품이 나와야 스튜디오를 존속할 이유가 있으니까요? 다 같이 고생해서 엉터리 같은 걸 만드느니 뺄 건 빼는 게 좋잖아요. 어차피 고생은 똑같이 하는 거고 다 좋은 거 만들자고 모인 사람들인데."

이 간단한 원칙을 모르는 사람들이 의외로 많다.

세상에 대한 관심이 디테일을 결정짓는다

사실 한지원 감독이 애니메이션으로 이룬 성과나 명성, 이 책에 수록될 다른 만화가들과는 다른 작업을 한다는 변별점과는 별개로 개인적으로 그와의 인터뷰에서 기대했던 게 있다면 20대 중반 창작자의 목소리를 직접 듣는단 거였다. '젊은 만화가에게 묻다'라는 타이틀이 붙고 실제로 여기에 수록된 만화가들이 중견의 반열에 들 정도는 아니지만, 시장 안에서도 제법 다수에 속하고 사회적으로 어느 정도 경력과 권위를 획득한 세대라는 걸 부정하기 어렵다. 20대는 다르다. 20대는 이러이러할 거라고 생각하고 소비하는 이미지는 많지만 정작 20대 창작자들이 직접 본인들이 세상을 살아가는 방식을 제대로 말할 기회는 충분하지 않다(이 책에서 다루는 김정연 작가의 웹툰 〈혼자를 기르는 법〉 정도가 그런 작업을 하며 가장 높은 대중적 인지도와 비평적 찬사를 받는 작품일 것이다). 그래서 더욱 한지원 감독이 생각하고 반영하고픈 동시대의 문제가 궁금했다. 마침, 그와 두 번째 인터뷰를 진행한 날, 미국에서는 도널드 트럼프가 대통령에 당선됐다.

"시사 관련해서 이것저것 보긴 해요. 예전에 학교에 막 입학했는데 이론학과를 없앤다고 하고 총장님도 잘리고 그런 걸 보면서 되게 정신없었거든요. 당시 나이가 안 돼서 대통령 선거에 투표를 못 했는데 누가 대통령이 되느냐에 따라 나에게 실질적 피해가 올 수 있다는 걸 알게 됐죠. 그때 집회도 나가고 학교 사태 관련한 만화도 그리고 SNS에서 정보도 많이 얻었어요. 모르고 살 수는 없는 거잖아요. 삶에서든 작품 활동에서든."

내가 선택하지도 않은 대통령 때문에 내가 피해를 받을 수 있다. 대의제 민주주의에서 종종 발생하는 이 부조리는 삶의 문제를 사회적 정치적 맥락 안에서 볼 기회를 만들어 준다. 하지만 여전히 한지원 감독의 작품에서는 개인의 개별적 서사가 도드라져 보인다. 그는 자신이 경험하는 세상을 어떻게 반영하고 싶은 걸까?

"당연히 제 또래가 공유하는 고민에 대해서 생각하죠. 자연스럽게 반영된다고 봐요. 하지만 그게 창작의 주제라고 생각하진 않아요. 진로와 취업 문제를 다루는 〈럭키미〉에서도 언뜻 나오고 입시 문제를 다룬 〈코피루왁〉에서도 언뜻 나오고, 〈학교 가는 길〉에서도 주인 언니가 문제집만 보고 개를 돌보지 않는 그런 식의 순간들이 있죠. 저는 딱 그 정도까지만 하게 될 것 같아요. 다만 알고는 있어야 하는 거죠. 당장 주제가 여성 문제는 아니더라도 주인공이 일하는 여성이라고 했을 때, 요즘 여성이 직장에서 겪는 문제에 대해 모르는 상태에서 작업을 하면 굉장히 '으악' 하게 되는 작품이 나오겠죠. 거기서 작품의 퀄리티 차이가 상당히 나올 수 있는 거예요."

그의 답변에는 간과할 수 없는 점이 있다. 굳이 동시대적인 이슈를 테마로 잡지 않는다고 해도 그것 자체를 모르는 상태에서 창작을 하게 되면 필연적으로 서사와 디테일이 얄팍해진다는 것이다. 다시 말해 완전한 픽션이라 해도 지금 이곳을 배경으로 하는 이야기를 제대로 하기 위해선 어쩔 수 없이 세상에 대한 관심을 놓아선 안 된다. 어쩌면 소위 '사회파'와는 가장 거리가 멀 것 같은, 무엇을 재현할지보단 어떻게 표현할 것인지 고민하는 창작자조차 세상과의 소통을 놓을 수 없다고 말한다. 이를 통해 애니메이션이라는 세계와 현실 사이의 매개가 증명되는 건 아닐까? 이젠 〈생각보다 맑은〉의 장면 장면을 좀 더 잘 즐길 수 있게 될 것 같다. 이 인터뷰를 읽은 당신도 그러하길 바란다.

한지원 감독의
휴재 기간

다양한 사람과
공간을 만나는 여행

Q   **왜 여행인가?**

연재 중에는 어디에 장기간 나가 있는 것이 거의 불가능하다. 그렇기 때문에 연재가 끝나면 더더욱 여행 생각이 많이 나는 것 같다. 여행은 그 자체로 리프레시의 기회다. 애니메이션이든 만화든 다른 일상이든 항상 계획대로 정해진 시간 안에 무언가를 해 나가야 하는데, 긴 시간 떠나는 여행은 발 닿는 대로 가기 때문에 의외의 것들을 발견하기 좋은 것 같다. 원래 예술이란 그렇게 해야 하는 것이라고 생각하는데, 항상 마감에 쫓기다 보면 차선에 차선을 쌓아 간다는 느낌이다.

Q   **여행이 구체적으로 본인의 작업에 도움을 주는 면도 있을까?**

개인적으로 다양한 빛과 장소의 분위기를 보고 재현하는 걸 좋아한다. 그렇기 때문에 다음 작업에서 활용하고 싶은 장면들을 여행지에서 찾기도 하고, 여행을 다니면서 평소 일상 안에선 만나기 힘들었던 종류의 사람들을 만나 이야기를 듣는 것도 좋아한다. 작업을 하다 보면 캐릭터들이 다양하지 못하다는 생각이 들고 특정 직업군인 사람들의 사고방식을 알고 싶어질 때가 많지만, 막상 작업 중에는 시간이 없어 아주 근처에 있는 작업자들이나 만나던 사람들만 만나다 보니 새로운 사람에 대해 배울 기회가 많지 않다. 물론 막상 여행을 떠나 만나는 사람들은 생각보단 훨씬 무작위라 원래 알고 싶던 직업군의 사람을 만나고 배우는 일은 없지만 전혀 생각해 보지 못한 캐릭터들을 떠올려 보는 데 도움이 되는 것 같다.

Q   가장 최근에 떠났던 인상 깊었던 리프레쉬 여행이 있다면?

최근 급하게 일본으로 여행을 갔다가 감사하게도 아는 분의 소개로 내가 정말 좋아하는 애니메이션들의 작업에 참여한 피디 분들을 만나서 긴 이야기를 나눈 경험이 있다. 여러모로 좋은 긴장감과 자극을 받은 순간이었다. 서점에서 산 호소다 마모루 감독의 〈늑대아이〉 화보집을 들고 가서 궁금했던 이야기를 전부 물어봤는데 즐거워하면서 답해 주셔서 감사했다. 바로 옆에 엄청난 애니메이션들을 주기적으로 만들어 내는 나라가 있는데도 어쩐지 거리감이 느껴졌었는데 그 업계에서 일하는 사람을 직접 만나고 이야기를 들으니 새삼 충격으로 다가왔다. 왜 이렇게 멀게만 생각하고 있던 걸까, 그런 생각도 들고.

Q   그것이 본인 작업에 대한 동기 부여가 되던가?

실제로 그 일을 해 나가는 사람들의 숫자와 시장의 규모를 직접 느껴 보고, 몇 달에 한 번씩 장편 애니메이션이 극장에 걸린다는 이야기를 인터넷 소식으로만 접하는 것과 실제로 들어 보는 것의 차이가 생각보다 컸다. 역시 나가서 직접 듣고 보아야 동기 부여가 되고 이 일을 하는 사람으로서 스스로의 위치도 알게 되어서 앞으로의 갈 길이 어렴풋하게나마 보이는 느낌이었다. 모니터 앞에 앉아 있을 때는 모던 자극들을 받으면, 금방 다시 작업하고 싶다는 생각이 든다. 하지만 꼭 여행 중에 얻었던 자극이 직접 작업으로 연결되지 않더라도 작업을 할 때 좀 더 열어 놓고 많은 가능성을 생각해 보면 어떨까 이런 생각이 든다. 스스로 유연해지는 계기가 되기 때문에 계획 없는 여행을 떠나고 싶어지는 것 같다.

Q   앞으로도 휴재 기간엔 여행을 떠날 것 같나?

아직 몇 달 이상의 장기 여행은 해 보지 않았지만 이제 막 작업과 작업 사이에 있는 여행의 묘미를 알게 되어서 천천히 더 과감한 여행 계획도 세워 보려 하고 있다.

만화가에게 영향을 준 '어떤' 텍스트

그 어떤 환상적이고 기발한 세계를 만들어 내는 창작자라도 무에서 유를 창조해 내지는 못한다. 어떤 참신한 만화가라 해도 그가 지금까지 공기처럼 흡입했던 수많은 텍스트의 영향으로부터 자유로울 수 없다. 하지만 그것이 작가의 상상력을 구속하는 것은 아니다. 오히려 그 다양한 텍스트를 통해 풍부하고 넓어진 사고의 창고 안에서 작가들은 창작을 위한 재료나 구성에 대한 힌트를 찾아낼 수 있다. 만화가들이 만화만 보리라는 흔한 편견이 단순한 편견을 넘어 창작 활동에 대한 무지에 가까운 건 그래서다. 이 책에 소개된 만화가들 역시 마찬가지다. 그들의 창작에 자극을 주는 텍스트들을 묻자, 음악과 이론서, 회의주의자를 위한 과학 잡지 등 다방면에 걸친 목록이 나왔다. 물론 이 목록이 이 책을 읽는 이들에게도 창작을 위한 영감을 제공할지는 알 수 없다. 다만 알 수 없기에, 누구든 창작을 꿈꾼다면 자신을 자극해 줄 더 많은 텍스트들을 경험해 봐야 하는 건 분명해 보인다.

난다

키린지 '에일리언즈(Aliens)'

어떤 작품처럼 그리고 싶다는 점에서 만화보다는 음악이 더 직관적으로 나에게 와 닿는 것 같다. 물론 당연히 수많은 만화의 영향을 받았다. 토마 작가의 〈남자친9〉, 1세대 웹툰이라 할 〈스노우캣〉, 〈마린 블루스〉 등의 작품이 내 만화의 형태를 구체화하는 데 많은 영향을 주었다. 그림체가 잡히지 않던 초기에는 '누구의 그림처럼 그리고 싶다'는 욕구가 많았지만(가령 일본의 대가 안자이 미즈마루, 초 신타, 아라이 료지 등), 내가 좋다고 생각하는 그림과 이야기에 대한 윤곽이 잡히기 시작하면서부터는 어떤 새롭고 멋진 작품을 봤을 때 일순 엄청난 질투에 휩싸일지언정 '이런 스타일로 그리고 싶다'는 생각은 잘 들지 않았다. 내가 원하는 지점은 따로 있으니까. 차라리 그런 질투는 더 분발하자는, 뭔가 만들자는 순수한 창작욕을 자극하는 용도로 사용한다. 그래서 앞서 말했듯, 지금은 만화보다 음악이 더 내가 원하는 만화의 느낌과 톤을 연상하고 증폭시키는 데 좋은 것 같다. 그중 딱 한 곡을 꼽으라면 역시 키린지의 '에일리언즈'.

이종범

〈STORY 시나리오 어떻게 쓸 것인가〉

로버트 맥키의 작법서 〈STORY 시나리오 어떻게 쓸 것인가〉의 원제는 〈STORY〉다. 내용의 위대함을 표현하기에는 원제가 더 어울린다고 생각한다. 이 책의 별명은 성서다. 두껍고 모두가 알지만 아무도 안 읽는다는 누군가의 농담 때문이었겠지만 실제로는 많은 이들이 읽었다. 다만 어려울 뿐이다. 이야기의 본질이 어디에 있는지부터 시작해 대사를 쓰는 마지막 순간의 요령까지 넓고 깊게 다룬 귀한 책이다. 나는 이 책을 세 개의 얇은 책자로 분책하여 들고 다니며 꾸준히 읽는다. 좋은 사람은 만날 때마다 새로운 장점이 드러나는 것처럼, 연재가 끝날 때마다 이 책을 한 번씩 통독하면 늘 새로운 구절이 눈에 들어온다. 더불어 예전에 밑줄 쳤던 구절에 부끄러워지기도 한다. 그 반가움과 부끄러움 사이의 간격이 나의 성장일 것이다.

한지원
〈짱구는 못 말려〉 극장판 시리즈

유독 〈짱구는 못 말려〉 시리즈를 보면 지친 마음에 좋은 처방이 된다. 아마도 특유의 단순명쾌함, 그리고 그 단순함이 실은 얼마나 세련된 것인지 보여 주는 많은 장면들 때문일 것이다. 선글라스를 끼고 끈석한 재즈 선율에 맞춰 능숙하게 무술을 구사하는 흰 양복의 악당은 느와르 영화에서 흔히 볼 수 있는 클리셰지만 그런 장면조차도 아이들의 시선에 맞게, 특유의 재치를 담아 더욱 과장해서 그려 낸다. 울퉁불퉁한 근육의 조형감과 특유의 애니메이션 타이밍, 단순한 선 열 개 이내로 표현되는 '쿨 워터 향'이 진동하는 듯한 악당의 비열한 표정들, 그런 것들이 참을 수 없이 좋다. 단순한 캐릭터를 사용하지만 공간이나 원근 사용에 있어 빠하지 않은 극적인 연출을 많이 보여 주는데 이는 내 작품 〈사랑한다고 말해〉에 영향을 줬고, 밝은 애니메이션이면서도 불쑥 현실적인 감정을 배치하는 것은 〈학교 가는 길〉에서 여행을 함께 한 까마귀가 죽는 장면에 영향을 준 것 같다. 하지만 직접 연출에 적용한 것보다는 간접적인 영향을 받은 게 더 많을 텐데, 생각을 전환하고 싶고 안정적인 레퍼런스를 보고 싶을 때 몇 번 돌려 보는 것으로 작업할 용기가 생기는 것도 이 작품의 좋은 영향일 것이다.

김정연
〈스켑틱(Skeptic)〉
내가 잘 알지 못하는 분야의 텍스트를 좋아한다. 그중 과학 계간지 〈스켑틱〉처럼 회의주의 텍스트가 가장 재밌다. 어렸을 때 제임스 랜디가 진행하던 프로그램을 보면서 초능력의 비밀이 낱낱이 폭로되는 게 굉장한 충격으로 다가왔었고, 그것이 내 안의 어떤 판타지나 로망을 죽이거나 좌절시키기보단 오히려 훨씬 더 많은 상상을 자극한 것 같다. 예를 들자면, 산타가 없다는 걸 알게 되면 선물 기다리길 관두고 그렇다면 왜, 누가, 어떻게 산타를 만들었고 저 사람은 어째서 그걸 흉내 내고 있는지 생각할 수 있게 되는 것과 비슷하다. 그런 것 때문에 완벽히 이해하진 못하더라도 이러한 논쟁이나 비판의 글을 읽는 것이 여러모로 도움이 된다. 괜한 것 위에 두었던 가치를 철회하는 것에도 도움이 되고. 이를 계기로 유사과학이나 거짓말이 내 안에선 꽤 큰 화두가 되어 왔는데, 그럴수록 '그럼 이런 낭설이나 이론도 있을 수 있겠다' 하는 내 몰이해와 장난스러운 마음들이 결국 스스로에게 중요한 아이디어로 돌아오는 경우가 많다.

이동건
유튜브의 이름 모를 수많은 드로잉 영상

즐겁게 봤던 책이나 만화 혹은 영화들이 내 작품들 어딘가에 녹아 있을 것이 분명하지만 그게 어떤 것인지 찾아내기란 힘든 일이다. 이미 완성된 콘텐츠는 보거나 읽은 후에 '이건 진짜 재밌네' 하고 잊어 버리기 때문이다. 하지만 작화의 경우엔 지금도 많은 영향을 받고 있는 게 분명하다. 〈땡땡의 모험〉의 에르제의 색감이나 일본 만화의 대부 데즈카 오사무의 캐릭터들을 시작으로 유튜브에 드로잉 영상을 올리는 수많은 정체 모를 작가들의 그림들까지 늘 보고 감탄하고 작풍에 참고한다. 완성된 그림을 감상하거나 드로잉을 지켜보는 일은 굉장히 즐겁다. 이건 작품을 위한 공부로서뿐 아니라, 취미 생활이라 해도 될 만큼 즐기는 편이다.

Story

김정연
〈혼자를 기르는 법〉

김정연

대학에서 디자인을 전공하고 출판 디자인 일을 했다. 건강 문제를 비롯해 여러 이유로 회사를 그만둔 뒤, 20대 여성인 자신이 서울이라는 고밀도 도시에서 느끼는 여러 불만족의 양태들을 비슷한 나이에 비슷한 상황에 놓인 주인공 이시다를 통해 풀어내는 만화 〈혼자를 기르는 법〉을 그리기 시작해 포털 다음에서 정식으로 연재하게 되었다. 독립한 20대의 상황을 관통하는 직관적인 제목과 시다와 그의 이웃 해수 등에게서 자신들의 모습을 읽어 내고 공감한 동시대 여성 독자들의 강력한 지지와 평단의 호평을 받았고, 연재분을 묶어서 낸 단행본 역시 높은 판매고를 기록했다. 동시대 여성의 고민을 적절한 에피소드와 감성적이면서도 통찰력 있는 내레이션으로 풀어내는 그에게 출연을 제안하는 방송 프로그램들도 있었지만 아직까진 모두 거절하고 〈혼자를 기르는 법〉에 집중하고 있다. 2016년 〈혼자를 기르는 법〉으로 한국만화가협회가 주최하는 '오늘의 우리만화'를 수상했다.

혼자를 기르는 법

제목 그대로 부모에게서 독립해 고향 안동을 떠나 온 주인공 이시다가 서울에서 '혼자를 기르는 법'을 그린 작품이다. 고귀한 이름을 물려주겠다는 아버지의 바람으로 '훌륭한 분이시다, 고귀한 분이시다'의 술어를 딴 이시다라는 이름을 얻게 되었지만 실제로 주인공을 기다리는 것은 '시다'의 삶이다. 당장 얼떨결에 햄스터를 맡아 키우게 되자 '난 스스로도 돌보지 못하는데'라고 걱정할 만큼 시다가 경험해야 하는 서울은 녹록치 않다. 독립하면 당연히 따라올 줄 알았던 혼자만의 자유롭고 즐거운 삶은 서울의 높은 집값 앞에 좌절되고, 해외여행의 꿈은 고강도 노동 앞에서 좌절되지만 그럼에도 시다는 자기 삶의 질을 포기하지 않는다. 더 정확히는 포기하지 않기 위해 노력한다. 때론 B&B 사이트에 소개된 다양한 방을 보고 그 안의 삶의 형태를 상상하며, 때론 친한 이웃과 낚시를 하러 가며, 원하는 것을 이루기 어렵다는 걸 알면서도 포기하지 않는 시다의 모습이야말로 쉽게 낙관하지 않으면서도 희망의 근거를 잃고 싶지 않은 이들을 위한 아주 정직한 위로일 것이다.

혼자를 기르는 법

일상, 혼자, 비판적

스스로를 돌보기도 힘든 내가 과연 잘 할 수 있을까?

©김정연

창작활동으로
삶과 마주한
젊은 작가

'젊은 만화가에게 묻다'라는 타이틀로 인터뷰를 시작했을 때, 가장 먼저 떠올린 것은 '젊음의 기준은 무엇인가?' 그리고 '그것이 하나의 책으로 나올 정도의 의미를 가질 수 있는가?' 하는 질문이었다. 세대라는 것이 일종의 지층이라고 할 때, 그것은 통시적 차원에선 그 전 세대와 꽤 선명한 구분선을 가져야 하며, 공시적 차원에선 당대의 문화적 기후와 변동을 담아내야 할 것이다. 그렇다면 굳이 하나의 책으로 묶어서 소개할 '젊은 만화가'라는 것은 결국 작가가 살아가는 시대를 반영하는 동시에 앞선 세대와 장르든 문법이든 무언가 구분할 수 있는 작품을 선보이는 작가여야 하지 않을까? 멀리 떨어져 보면 누구든 동시대의 사회적, 사상적 영향에서 자유로울 수 없다는 빤한 원론을 차치하고 냉정하게 따졌을 때 진정한 의미로 '젊은 만화가'를 찾는 것은 그래서 결코 쉽지 않은 일이다. 포털 다음에서 연재 중인 〈혼자를 기르는 법〉의 김정연 작가를 이 책에서 소개한다는 것은 작품 자체의 탁월함과는 별개로 이 기획을 훨씬 선명하게 만들어 준다. 얼핏 기존 일상툰의 문법을 연상케 하지만, 동시대 서울에 대한 통찰, 메시지를 우회적이면서도 명료하게 표현하는 방식, 벡터를 이용한 작화 등 이 작가는 '갑툭튀'라는 말 그대로 어디선가 갑자기 툭 튀어나온 존재 같기 때문이다.

출판 디자이너가 만화를 그리게 된 이유

갈수록 처음부터 웹툰 작가 데뷔를 목표로 노력하는 대학 내 만화 애니메이션 학과 출신 젊은 작가들이 많아지는 흐름과 달리,

김정연 작가는 출판 디자이너로 활동하다가 웹툰 작가로 전업한 사례다. 마찬가지로 디자인을 전공한 〈선천적 얼간이들〉, 〈전자오락수호대〉의 가스파드 작가가 만화라는 매체에 오랜 애정을 바탕으로 자신의 디자인 감각과 스킬을 만화 특유의 과장된 세계관과 문법에 녹여내며 고 퀄리티 개그 만화라는 자신만의 스타일을 만들어 낸 경우라면, 김정연 작가는 〈혼자를 기르는 법〉에 대해 만화가로서 만화를 그린다기보다는 만화라는 형식을 사용한 장기 프로젝트를 하는 느낌이라고 말한다. 즉 전달하고 싶은 이야기가 있는데 마침 만화라는 형식이 그것에 가장 적절하기 때문에 만화를 그리는 것이다.

"사실 저도 제가 만화를 그릴 거라고는 전혀 생각하지 못했어요. 주변 사람들도 '어?'라는 반응을 보일 정도로요. 저 스스로도 만화를 많이 보던 사람도 아니고 잘 아는 것도 아니라서 '해도 괜찮을까?' 이런 생각이 들었죠. 하고 싶다고 손을 들어도 되는 걸까? 그런 두려움이 있었지만 또 한편 지금껏 디자이너로서 책을 만들어 왔다는 것에 분명 유리한 점이 있을 거라고 생각했어요. 그림과 활자를 운용하는 사람이었고 만화도 그와 다르진 않으니까요. '나도 만화를 잘 그릴 수 있어'라기보다는 '내가 만화를 시도한다면 다른 사람과 구분되는 유리한 지점이 있어'라는 거죠."

김정연 작가에게 만화를 그린다는 것은 디자인이 그러하듯, 자신이 전달하고자 하는 메시지를 수신하는 사람도 무엇인지 오해 없이 이해할 수 있도록 하는 작업이다. 작화의 화려함이나 서사적인 쾌감의 중요성을 부정하는 것은 아니지만 가장 우선하는 것은 기호의 가독성이다. 이 상황과 연출, 대사를 통해 말하고자 하는 것을 말하고자 하는 바대로 전달하는 것. 이것은 그가 〈혼자를 기르는 법〉이라는 장기 프로젝트를 하는 두 가지 맥락의 이유가 되기도 한다. 하나는 스스로 "현재의 〈혼자를 기르는 법〉은 만화라는 매체에 가장 잘 어울리는 이야기"라 말하듯 이 미디어를 이용해 명료하게 전달하고자 하는 그만의 이야기가 있다는 것이며, 또 다른 하나는 한 명의 자유로운 주체로서 무의미하고 비효율적인 작업에서 벗어나 자신의 일과 삶을 컨트롤하겠다는 의지를 작업 프로세스 안에서 실천해 간다는 것이다. 그리고 이 두 가지는 김정연이라는 '젊은 만화가'를 다른 세대 지층과 가르는 두 개의 경계면이다.

서울에서 살아가는 나와 당신, 우리들의 이야기

2017년 7월, 스무 해째를 맞은 부천국제만화축제에선 '청년, 빛나는'이라는 이름의 전시를 기획했다. '나이와 경력, 국적을 떠나 청년 시절의 만화가들이 만난다면 어떨까?'라는 질문에서 출발해 한국의 원로 만화가부터 젊은 웹툰 작가, 해외 작가들의 청년기를 함께 모아 소개하고 그들의 청년기를 가로지르는 청춘이라는 공통분모를 승류해 내는 이 전시는, 솔직히 말해 좀 따분했다. 동시대 청년 만화가를 소개하는 것 역시 전시의 목적이었음에도, 청년기를 빛나는 순간으로 정의하고 각 세대의 청춘기에서 보편성을 추출해 내는 그 해석의 지평 자체가 다분히 기성세대적인 태도라고 생각했기 때문이다. 무엇보다 이것은 당장의 노력에도 불구하고 삶의 질이 바뀌기 어려운 동시대 청년의 상황을 청춘이라는 이름의 보편성으로 환원하며 현 세대의 특수성을 지워 버린다. 과거와 달리 명문대에 다녀도 미래가 불확실한 청춘의 풍경을 그려 낸 지능 작가의 만화 〈멀리서 보면 푸른 봄〉의 제목처럼 기성세대의 관점과 동시대적 관점엔 상당한 괴리가 있다. 이처럼 청춘이라는 개념, 그리고 청춘을 다룬 텍스트는 지금 이곳의 현재 상태가 아닌 그 시기를 지나간 이들의 회고적인 해석 안에서 존재하기 일쑤다. 김정연 작가가 〈혼자를 기르는 법〉에 담아내는 20대 여성으로서 경험하는 서울의 풍경이 소중한 건 그래서다. 흔히 청춘이라는 것이 어떤 나이대의 개인적 성향으로 연역되는 것과 달리, 그는 20대로서 느끼는 자신의 불만족 안에서 개인의 문제가 아닌 동시대 안에서 자기 세대 여성이 겪을 수밖에 없는 사회 구조의 문제를 읽어 낸다.

"내가 경험하는 서울이라는 채널을 이야기하고 싶었어요. 누가 경험하느냐에 따라 서울은 완전히 다른 곳이 될 수 있거든요."

〈혼자를 기르는 법〉이라는 제목에서 알 수 있듯, 부모에게서의 독립은 김정연 작가가 실제로 세상을 경험하는 방식에 변화를 준 중요한 계기가 되었다. 그것은 관념적이기보다는 발품을 팔아 자신이 원하는 공간을 찾아 헤매야 하는 육체적이면서도 물리적인 과정이었다.

"가령 독립을 위해 집을 구할 때 여성은 안전이라는 걸 염두에 둬야 하니 집 구하기가 더 어려워요. 여성들만 있고 보안도 괜찮은 원룸 같은 경우 정말 깔끔하긴 한데 방은 침대 매트리스 크기만큼 작고 굉장히 비쌌어요. 사실 제 생각에 안전은 양보할 수 없는 기본적인 삶의 질 문제인데 여자 혼자 살면 안전을 위해 이 정도는 투자해야 한다는 말이 나오는 게 납득이 안 되는 거죠."

오늘날 서울이라는 시공간에서 시간의 가격은 너무 싸고 공간의 가격은 너무나 비싸다. 〈혼자를 기르는 법〉의 대사를 인용하면 "중장비보다 오래 일해도" 당장 좁은 원룸을 벗어나기엔 턱없이 부족하다. 게을러서나 과소비를 해서가 아니다. 새벽까지 야근을 하고 수명을 깎아 가며 돈을 벌어도 오르는 집값, 전세 비용을 따라잡는 건 거의 불가능하다. 이미 수많은 세대가 누적되며 빽빽하게 자리를 잡은 이 용적률 높은 도시에서 후발 주자인 20대가 자리를 잡고 뿌리를 내리기란 요원한 일이다. 이전 세대에서 젊어 고생을 사서 했던 건 그 고생이 그 이상의 보상으로 돌아올 수 있는 남는 장사였기 때문이다. 하지만 지금의 20대에게 고생은 아무런 보상 없는 그저 고생일 뿐이다.

"서울이라는 채널에 대한 경험의 가장 기본 형태는 불만족"이라는 김정연 작가는 이러한 불만족을 만화 주인공 시다 개인의 불평불만이 아닌 7.가 겪어야 하는 경험의 부조리 형태로 그려 낸다. 겨우 고시원을 벗어나 이사 간 월세방에선 비용 때문에 자신의 미감에 맞지 않는 '수고 들여' 못나게 만든 꽃무늬 벽지와 플라스틱 바로크 양식 거울들로 공간을 꾸며야 하고, 삶의 버킷리스트를 작성하는 과정은 꿈을 구체화하는 것은 물론 도저히 닿을 수 없는 그 꿈의 견적까지 구체적으로 알게 해 주는 과정이며, 당신이 태어났을 땐 당신만 울고 나머지 사람들이 미소를 지었다던 고 김수환 추기경의 어록을 보면서도 여자로 태어난 자신의 존재 자체에 할머니가 서운하다며 울었으니 자신은 모태 실패가 아니냐는 아는 언니의 자조를 들어야 한다. 특히 새벽 세 시 서울 어느 골목에서 성범죄를 당할 뻔한 에피소드 '나만 배운 것'에서의 "그 새끼들은 정말 아무것도 배우지 못했겠죠. 그렇게 자정을 넘긴 딸들만이 서울을 알아갑니다"라는 내레이션은 젊은 여성이 오직 그 자리에 있다는 이유만으로 겪을 수 있는 폭력의 불가항력을 고발하며 여성 독자들의 큰 공감과 공분을 이끌어 냈다.

"예전에는 문제가 생기면 저 스스로 해결해야 하고 불만을 얘기하면 안 되는 줄 알았어요. 자책이 심한 타입이었어요. 심지어 정말 어렸을 땐 한국이라는 나라를 비난하면 안 되는 줄 알았어요. 그런 거 하면 혼나니까요. 애국심이 중요하다는 이야기도 듣고요. 그러다 대학 가서 처음으로 한국 너무 싫다는 말을 꺼냈는데 그때 굉장히 기묘한 기분이 들었어요. 집에서 부모님과 함께 살 땐 한숨 쉬면 혼났었는데 나중에 회사 직원 분이 한숨 쉬면 되게 시원하다고 해서 회사 뒤편에서 담배 한 대 피우면서 한숨을 푹 쉬니 정말 시원한 거예요. '아, 이런 기분이구나. 한숨 쉬고 싶을 때 쉬면 이런 기분이구나.' 그런 걸 느꼈죠."

어떤 면에서 〈혼자를 기르는 법〉은 20대 여성으로서 서울에서의 불만족을 경험하는 작가가 자신의 불만을 가득 담아 땅이 꺼져라 내쉬는 한숨 같은 것일지도 모른다. 그것이 독자에게 미치는 영향도 중요하지만, 김정연 작가는 우선 이런 이야기를 숨기지 않고 바깥으로 꺼낸다는 것에 의미를 둔다.

"전에는 화내도 되는 건지 몰랐던 문제에 대해 내 잘못이 아니란 걸 알고 화를 내기 시작하면서 삶이 많이 바뀌었어요. 이상한 걸 이상하다고 포착하고 그것을 말하는 게 저에게는 작품의 의미인 것 같아요. 얘기하지 않으면 정말 모르거든요. 아니면 아는데도 이야기를 안 하니까 무시해 버리거나."

〈혼자를 기르는 법〉에서 중요한 건 작가 개인의 자기 고백이 아닌 또래 여성들이 공통으로 겪을 수 있는 부조리에 대한 고발이다. 앞서 청춘이라는 보편 개념으로 묶일 수 없는 동시대 청년 세대의 특수성에 대해 이야기했지만 이것은 또한 역설적으로 동시대 20대 여성이 겪는 구조적 부조리라는 좁은 보편성으로 묶인다. 너무 먼 거리에서 보면 모두가 비슷한 청춘이 되고 너무 가까운 거리에서 보면 모두 개별자가 된다. 세상을 보는 적절한 거리 설정과 범주화는 그래서 중요하다.

상당 부분 본인의 경험에 바탕을 두지만 일상툰처럼 자신이 주인공으로 나오는 대신, 시다라는 "무언가를 말하고 싶을 때 그 포인트에만 집중할 수 있는 계정을 새로 파서" 이야기하는 건 이러한 맥락 위에 있다.

"이 만화를 처음 구성할 때 시다만 겪는 특별한 상황을 말하기보다는 어느 정도 비슷한 범주에 속하는 사람들의 평균 혹은 그 언저리의 경험을 담아내고 싶었어요. 그래서 같은 시대를 사는 사람들이 젊은 노동자로서 겪는 부조리나 그들의 불만족에 대해 시사 프로그램이나 기사를 통해 접하고 그들의 호소를 이해하려고 노력해요. 직업학교에서 현장 실습을 하며 겪는 문제들, 감정 노동의 어려움 같은 것들. 그런 걸 비슷하게 다루려 할 때 결코 실수하지 않았으면 좋겠고요."

이것을 동세대에 대한 유대감이라고 말할 수 있을까? 쉽게 단정하기 어렵지만, 그럼에도 확실한 건 개인의 경험 안에서 사회적 맥락을 읽어 내는 이들에게 자신의 불만족은 다른 누구의 불만족에 대한 공감으로 이어질 수 있다는 것이다. 〈혼자를 기르는 법〉을 읽는 경험이 그러한 것처럼.

<u>스스로에게 질문하는 삶, 김정연이 '혼자를 기르는 법'</u>

기본적으로 창작에서 '무엇'을 이야기하느냐는 '어떻게' 이야기하느냐라는 문제와 연결된다. 〈혼자를 기르는 법〉이라는 제목이 서울이라는 도시 안에서 독립해서 살아가는 한 여성에 대한 이야기인 것처럼, 김정연 작가가 회사를 그만두고 더 나은 삶의 방식을 찾아 만화라는 매체를 선택한 것은 독립적인 삶을 살아가기 위해 노력하는 과정이기도 하다. 장기 프로젝트에 임하듯 만화를 그리는 그에게 〈혼자를 기르는 법〉 작업 자체가 문제 해결 과정의 성격을 지니고 있다.

만화가가 되기 전 출판 디자이너로 활동하던 김정연 작가에게 회사는 극적으로 불합리하거나 노동력을 착즙하는 곳은 아니었

지만, 스스로 바라는 것만큼 합리적인 문제 해결 프로세스를 갖춘 곳 역시 아니었다.

"오래 다닌 회사도 그렇고 직간접적으로 경험한 회사들에서 '이건 좀 아닌데' 하는 걸 느꼈어요. 물론 회사라는 곳만의 문제는 아니고 학생 때 학교에게서도, 가족구성원으로서 가족 안에서도, 심지어 친구나 연인 관계에서도 느끼는 부분인데 좀 더 효율적이거나 합리적인 기준이 있으면 좋겠다는 생각이 들어요."

그런 그가 좋아하는 일 중 하나는 공항이나 호텔 카지노처럼 각각의 분업과 매뉴얼이 확실해 보이는 작업을 구경하는 것이다.

"카지노 갔을 때 되게 놀랐던 것 중 하나가 서로 약속한 것처럼 모든 일이 착착 다 맞는 거였어요. 물론 제가 잘 모르니까 미처 보지 못한 것들도 있겠지만 어떤 종류의 불만이 접수됐을 때 어떻게 대응한다는 잘 만든 매뉴얼이 있잖아요. 각 경우마다 가장 문제 없을 만한 수준에서 합의가 잘 되었고 이러한 경험을 잘 축적해 왔구나 하고 느꼈어요. 아마도 제가 완벽하지 않고 잘 흔들리는 사람이니까 그런 걸 선망하는 것 같아요."

효율적이거나 합리적이거나. 김정연 작가는 이 두 표현을 동시에 쓰되 구분해서 사용하는데, 실제로 이 둘은 비슷하면서도 다르다. 예를 들어 호텔에서 모든 종류의 불만 사항에 대해 일괄적인 해결책을 제시하는 것도 당장은 우왕좌왕하지 않는다는 점에서 효율적일 수는 있다. 하지만 각각의 상황에 맞는 적절한 보상을 주는 게 아니라는 점에서는 합리적이지 못하다. 실용적인 차원에서의 효율성은 이것에 왜 이렇게 반응해야 하느냐는 합리적 당위와 함께 움직여야 한다. 김정연 작가가 〈혼자를 기르는 법〉 단행본 첫머리에 적었던 '이유가 있는 것들만 하려고 노력한다'는 말은 이러한 맥락에 있지 않을까?

"제가 힘들어하는 것 중 하나가 결과물을 내기 전에 생각하는 바를 상대에게 전달하는 거예요. 어떤 분위기를 설명해야 하는데 아직 결과물이 나오지 않았으니 어떤 건지 가시적으로 보여 줄 수 없잖아요. 그런데 지금은 누군가에게 전달하지 않고도 머릿속으로 원하는 그림을 상상한 다음에 작업하면 되죠. 누굴 납득시키기 위해 설명하거나 수정을 위해 양해를 구하거나 불필요한 질문에 대답하지 않아도 되는 게 혼자 일하는 것의 최대 장점 같아요. 물론 나 스스로를 납득시키는 것도 쉬운 일은 아니지만 불필요한 형식들은 제거할 수 있잖아요. 회의를 나 혼자 해도 된다는 거죠. 굳이 회의실을 잡을 필요도 없고 텍스트로 만들어서 돌릴 필요도 없고. 그렇게 일이 간소화되면 미진한 걸 고치는 것도 훨씬 빨라지죠. 예를 들어 운전 중에 저기 돌이 있다고 핸들을 쥔 사람에게 말하려면 이미 늦어서 진복될 수 있잖아요. 하지만 혼자 일할 땐 빠르게 제가 판단하고 핸들을 돌릴 수 있는 거죠."

혼자 작업한다는 건 자유도가 높아지는 일이지만, 김정연 작가는 본인의 자유를 방만하게 만끽하기보단 오히려 혼자이기에 제어할 수 있는 비효율성이나 불합리한 것을 최대한 덜어 내는 타입이다. 가령 그는 여타 만화가들과 달리 콘티 단계를 생략한다. 어떤 작가들에게 콘티 생략은 생각한 걸 한 번에 그려 낼 수 있는 '금손'을 뽐내는 일이지만, 김정연 작가의 경우엔 "나의 콘티는 텍스트"라고 말한다. 먼저 에피소드 단위로 하고 싶은 이야기가 정해지면 꼭 나와야 할 텍스트를 쓰고 필요 없어 보이는 텍스트는 살을 바르듯 덜어 낸 뒤 정해진 여섯 칸 안에 생각한 텍스트를 쓰고 어떤 그림이 들어가면 좋겠다는 메모를 적어 둔다. 콘티가 필요 없는 게 아니라 만화가니까 당연한 듯 콘티를 그리는 것, 즉 명확한 이유 없이 뭔가를 관성처럼 할 필요가 없는 것이다. 여타 잘 만든 일상툰과 비슷한 정서가 느껴지는 순간에도 〈혼자를 기르는 법〉과 소위 장르적 문법 사이의 거리가 멀어 보이는 건 그 때문일 것이다. 김정연 작가는 인터뷰 중 본인의 작업에 영향을 미친 텍스트 중 하나로 〈이제껏 배운 그래픽 디자인 규칙은 다 잊어라. 이 책에 실린 것까지〉라는 긴 제목의 책을 꼽으며 말했다.

"결국 디자인이란 문제 해결 언어라는 거죠. 어떤 목적이 있고 이걸 해결하려면 어떤 식으로 생각하고 작업해야 하는지 굉장히 깔끔하게 보여 주는 책인데요. 이걸 읽으면서 그래도 내가 목표로 삼거나 지금 하려는 노력이 그렇게 틀린 건 아니구나, 생각했던 것 같아요. 결국 디자인이란 무언가를 닮거나 모사하는 그런 문제가 아니라 개별적으로 처음부터 문제 해결의 방식을 찾아가는 거죠."

〈혼자를 기르는 법〉 시즌 3에 새로이 등장한 시다의 동생 시리 캐릭터를 구성하는 과정은 이처럼 불필요한 걸 최대한 걷어 내고 납득할 수 있는 것만을 그려 내려는 김정연 작가의 고민이 잘 드러나는 사례다. 그가 다른 채널에서도 밝힌 바 있지만 전화상담원인 시리는 아이폰의 어플리케이션 Siri에서 착안한 캐릭터다.

"사실상 Siri는 감정노동자인 거잖아요. 그렇다면 실제 Siri 같은 감정노동자가 있다면 이런 상황에 어떻게 반응할 것인지 Siri를 통해 직접 확인해 보는 경우가 많았어요. Siri가 실제로 들은 성추행적인 발언들이 무엇인지 찾아보고, 때론 Siri의 답변을 그대로 사용하기도 했죠. 가령 어떤 질문을 했을 때 Siri가 '저는 휘파람을 불고 인생의 밝은 면만 보려고 노력하는 거죠'라고 대답했던 게 있어서 그걸로 시즌 3 엔딩에서 직접 시리가 휘파람을 불며 '되도록 밝은 면을 보려고 노력하는 거지'라는 대사로 풀어내는 거죠. 그래야 안심이 돼요."

반대인 경우도 있다. 항상 같은 자리에서 전화를 받는 시리의 욕망을 짐작해 와이키키 해변 사진을 보고 서핑을 하러 가고 싶다는 대사를 쓴 뒤에 나중에 정작 Siri가 서핑에 관심 없다고 말하면 그건 김정연 작가에게 "망한 에피소드"가 된다. 이것은 그가 본인의 작품을 평가하는 절대 기준이기도 하다.

"만약 이번 회를 채우기 위한 목적으로 채워 넣은 말풍선이 있다면 그 회차가 아무리 반응이 좋아도 죄책감이 굉장히 심해요. 극적인 장치로서 예뻐 보여서 넣었다고 해도 일주일 내내 기분이 안 좋아요."

즉흥적으로, 그냥 자기 마음대로 했다고 생각하면 그건 그에게 망한 에피소드다. 말 그대로 그에겐 이유가 필요하다.

다시 말해 김정연 작가에게 '혼자를 기르는 법'은 본인이 컨트롤할 수 있는 범위 내에서 스스로 납득할 수 있는 것들만 하며 사는 것이기도 하다. 심지어 취미조차 비생산적인 것은 피하고 싶다고 말한다. 시간이 있다면 나중에 활용할 수 있는 다양한 잡학을 찾아보는 게 낫지 스마트폰 퍼즐 게임을 하는 건 싫다고 말하는 이 삶은 그의 말대로 "노는 것도 일처럼" 만든다. 그가 언젠간 아무 생산성 없이 쉬고 노는 잉여의 시간에 대해서도 어떤 당위를 발견할 수 있으면 좋겠다는 생각도 든다. 그러나 이처럼 사는 대로 살지 않으려 노력하는 것, 자신의 삶 안에서 계속해서 이유와 당위의 근거를 질문하는 태도는 그 자체로 그가 왜 20대 여성이 경험하는 서울에 대해 의구심을 느끼고 그것을 만화라는 형태로 그려 내느냐는 질문에 대한 대답이 된다. 사는 대로 살지 않기 위해 노력하는 사람이 자신이 경험하는 불만족의 근원을 고민하지 않을 수는 없지 않을까? 그것을 그냥 인식한 그대로 두고 살 수는 없지 않을까?

재미에도 이유가 필요하다

이유가 있는 것만을 하려고 하며 자신의 생활과 작품 활동의 일관성을 만들어 내는, 마치 이름처럼 정연한 그의 대답을 듣고 있으면 한 가지 의문이 떠오른다. 그런데, 재미는? 본인이 느끼는 불만족에 대해 그 구조적 원인을 통찰하고 그에 대한 메시지를 최대한 불필요한 과정을 배제해 오해 없이 작품으로 구성해 전달하는 이 과정에서 재미는 어디에 존재하는 걸까? 물론 나를 포함한 많은 독자들이 시다에게서 느끼는 공감, 그리고 잉여적인 것들을 최대한 덜어 낸 간결하고도 직관적인 내레이션의 힘도 재미의 영역이긴 하다. 하지만 재미란 본디 어느 정도 잉여적인 것이 아닐까?

"요즘 마쓰모토 세이초 단편집을 읽고 있어요. 그런데 불필요한 묘사나 떡밥도 없이 마치 신문기사처럼 굉장히 깔끔하게 쓰더라고요. '이거 재밌지?'라는 식의 과시적인 요소 없이도 엄청 재밌게 읽을 수 있다는 것을 알게 됐어요."

언젠가 김정연 작가는 만화 속에서 시다의 입을 빌려 '굳이' 불필요한 바로크풍 요철을 덧붙인 값싼 인테리어 소품에 대해 불평한 에피소드에 이렇게 부연했다. "비워 둔 것을 해야 할 걸 안 했다고 생각하는 분위기가 있다. 이게 진짜 필요한 것인지 계속 질문하지 않으면 과잉으로 간다"고. 세이초 단편의 건조한 문체에 대한 그의 반응을 보노라면, 그가 말하는 불필요한 것을 안 하는 것, 과잉을 피하는 것은 삶의 방식이나 창작 윤리뿐 아니라 미감 영역의 문제일 수 있겠다는 생각이 들었다. 그리고 사실 이것들은 분리될 수 없는 문제이기도 하다. 게다가 그에게 〈혼자를 기르는 법〉은 마음껏 상상의 나래를 펼치며 뛰놀 수 있는 판타지의 공간이 아니다.

"소설과 비소설 딱 그 중간에서 이야기를 만드는 느낌이에요. 소설이라고 생각하기에는 스스로도 계속 의식하는 것들이 있어서 뭔가를 반영하려고 하죠. 또 저를 위해서, 그리고 햄스터 윤발이를 기억하기 위해서도 만화를 그리고 있기 때문에 가상의 세계를 만들어 노는 건 아닌 거죠."

하지만 중요한 건, 메시지의 직관적 전달이라는 강점을 차치하더라도 〈혼자를 기르는 법〉은 분명 재밌다는 것이다. 미적으로 준수하지 않고 재밌긴 어렵지만 그렇다고 모든 우아한 설계물이 항상 재밌는 건 아니다. 서사의 과잉이나 과시를 피하면서 재미는 어떻게 만들어질까? 자신의 작품이 "개그물로서의 역할도 하면 좋겠다"는 김정연 작가에게 개그의 활용에 대해 물은 건 그 때문이다.

"이러이러한 상황에서도 웃을 수 있다는 걸 보여 주려고 개그를 쓰진 않아요. 그보다는 웃음을 통해 시다가 겪는 문제를 드러내길 바라죠. 콰당 넘어지면서 웃기는 그런 개그는 아니에요. 보통 자조적인 감정은 시다의 내레이션으로 보여 주기 때문에, 제가 의식하는 개그의 역할은 자조보단 풍자인 것 같아요. 이 개그를 통해 누군가를 비난하더라도 그 대상이 약자이면 안 되는 거죠."

상당히 많은 이들이, 그리고 십중팔구 직접 글을 쓰거나 만화를 그려 보지 않은 사람들이 쉽게 하는 착각 중 하나는 위트나 유머를 마치 조미료처럼 텍스트 위에 뿌릴 수 있다고 생각한다는 것이다. 아니다. 유머는 잘 짜인 설계도 안에서 작동한다. 무엇으로 어떻게 왜 웃길 것인가. 여기에도 다시, 이유가 등장한다. 작품 안에서 불필요하게, 그냥 개그를 던져 보고 싶어서 개그를 던지는 건 〈혼자를 기르는 법〉의 방식도 김정연 작가의 방식도 아니다.

"그러다 보니 미국식 코미디, 가령 루이스 C.K. 같은 스탠드업 코미디언의 코미디를 좋아해요. 이 사람의 개그는 일종의 패배자 정서인데 웃음의 대상으로 절대 자기보다 약한 사람을 건드리진 않잖아요. 그에 반해 한국 코미디 프로그램을 보면 너무 자주 약자를 희화화하죠. 예능 프로그램을 봐도 자신보다 신체적인 능력이 떨어지거나 명백히 권력 관계에서 아래인 사람을 놀림감 삼을 때가 많잖아요. 과연 저게 개그의 기능일까, 의문이 생겨요. 개그에선 누굴 놀리느냐 만큼 놀리는 사람이 어느 위치에 서 있느냐가 중요하잖아요. 그런데 그에 대한 고민이 별로 없는 것 같아서 당황할 때가 많아요. 이 개그를 보는 사람들도 저래도 되겠구나, 이렇게 생각할 것 같아서. 과연 사람들의 웃음에 대한 합의점이 어떻게 된 걸까 싶어요. 그렇기 때문에 단순히 남을 웃기는 게 좋아서 개그맨이 됐다면 놓치는 게 많을 거라고 봐요."

이것은 창작자로서 정치적 올바름에 대한 질문이기도 하지만, 또한 그래서 재미란 무엇이냐는 질문이기도 하다. 과연 그저 웃기니까 웃긴다는 마음으로 어떤 차별적 발언에서 재미를 느껴도 될까? 아니 더 정확히는 재미를 느낄 수 있을까? 어떤 양심적인 이들이 그런 웃음을 경계하고 적어도 옹호하지 않기 위해 노력한다면, 김정연 작가는 근본적으로 그런 것을 보고 웃지 못하는 사람에 가까워 보인다. 그러니 재미에 대한 추구에 있어서도 당연히 이유가, 합당한 이유가 필요하다.

작가의 삶과 창작 활동의 연결고리

가수이자 감독, 작가인 이랑은 2017년 제14회 한국대중음악상 시상식에서 최우수 포크 노래 부문을 수상하며 "친구가 돈과 명예, 재미 세 개 중 두 가지 이상 충족하지 않으면 하지 말라는 이야기를 했었는데 이 시상식은 두 가지 이상 충족이 안 된다"며 본인이 받은 트로피를 즉석 경매로 팔아 큰 화제가 되었다. 그에게 그 이야기를 해 준 친구는 다름 아닌 김정연 작가다. 그는 〈혼자를 기르는 법〉 단행본 북 콘서트에서 게스트로 나온 이랑 작가와 대화하는 도중 자신이 어떤 일을 하고 안 하는 기준을 말하며 돈, 명예, 재미 중 두 개 이상을 충족해야 한다고 이야기했다.

"사실 저도 전에 일하던 회사 실장님께 들은 얘기고 실장님도 어느 책에선가 읽은 이야기라고 했는데 북 콘서트에서 마치 제가 이야기한 것처럼 퍼지고, 이랑 언니가 시상식에서 팡 터뜨렸죠. 저는 뒤통수만 긁적이고요. 아, 어떡하지 갈팡질팡할 때, 그 기준을 생각하면 깔끔하게 정리되긴 해요. 그런 걸 보면 이런 기준을 정해 놓는 게 나에게 필요한 일이라는 생각을 하게 되죠."

돈, 명예, 재미의 삼각형은 분명 어떤 선택 앞에서 갈팡질팡하는 모든 사람, 특히 프리랜서들에게 도움이 될 기준이다. 하지만 유독 젊은 세대들에게 지금은 돈이 되지 않지만 이 인연으로 나중에 어떤 일이 들어올지 몰라요, 당장 돈은 안 되도 이 일로 이름을 알리면 서로 윈윈 아닐까요, 미래가 불확실해도 열정으로 일하는 게 청춘 아닐까요, 일하면서 너무 정 없이 그러면 안 돼요, 따위의 제안이 들어오는 소위 열정 페이의 시대에 김정연 작가가 제시한 기준은 젊은 세대를 위한 조언으로 새로이 의미가 더해진 면이 있다.

실제로 〈혼자를 기르는 법〉을 관통하는 주제 의식과 통찰력 때문에 현재의 20대를 대표하는 인물로서 김정연 작가를 게스트 혹은 패널로 섭외하려던 프로그램이 몇 개 이상 있었던 걸로 안다. 본인은 "방송은 절대 안 하겠다는 마음은 아니지만 아직 잘할 수 있거나 잘하고 싶은 일은 아니라서" 모든 방송 제안을 거절했지만, 그와 대화를 하다 보면 언젠가 더 많은 사람들이 작품을 거치지 않고 이러한 생각을 직접 들어 보면 좋겠다는 생각이 든다. 가끔 작품에 공감하는 독자들 중 "만화 속 시다와 비슷한 문제를 메일을 통해 털어놓는 분이 있어도" 본인 역시 해결하지 못한 문제라 해 줄 수 있는 말은 많지 않다고 하지만, 그의 효율성, 합리성에 대한 요구는 젊은 세대를 착취하는 이 시대의 어떤 생존 방법처럼도 보인다. 재미, 돈, 명예라는 기준도 좋지만 나는 그의 이 말도 참 좋아한다.

"안 할 이유가 아니라 해야 할 이유를 찾으려고 해요. 그러다 보니 다른 분들이 볼 땐 '쟤는 저런 일도 안 하네?'라는 말을 들을 만한 결정을 하기도 하지만, 개인적으로는 긍정적으로 작용하는 거 같아요."

안 할 이유가 아닌 할 이유를 찾는다. 얼핏 들으면 능동적으로 일을 하자는 이야기처럼 들리지만 반대다. 어떤 제안에 대해 안 해야 할 이유를 찾다 보면 결국 손해만 아니면 하게 된다. 당장 내 돈을 까먹는 게 아니면, 어차피 남는 시간 좀 쓴다고 내 스케줄이 꼬일 게 아니라면, 안 할 이유가 없다고 생각하게 된다. 하지만 할 이유를 찾는 건 다르다. 나의 노력에 대한 확실한 보상이 있는가? 그 보상은 무엇인가? 그것은 분명 나에게 도움이 되는 보상인가?

이런 질문을 통해서만 해야 할 일인지 아닌지가 드러난다. 조금 더 간단히 설명하자면, 안 해도 될 이유를 찾으면 안 해도 될 일을 제외한 모든 일을 하게 되고, 해야 할 이유를 찾으면 해야 할 일만 하게 된다.

  김정연 작가가 본인의 삶과 창작 활동에서 꽤 유용하게 사용하는 스스로에 대한 질문과 기준은 그의 작품이 독자에게 그러하듯, 상당히 적절한 통찰을 제공해 준다. 자신의 생활 안에서 겪는 불만족과 부조리에서 작품의 주제 의식을 찾고, 또한 작품의 문제 의식을 자신의 삶 안에서 실천해 가는 그의 태도는 그리 현란하지 않은 화법 속에서도 상당히 직관적이고 일관된 논리의 언어로 정리되어 나온다. 이것은 또한 아마도 〈혼자를 기르는 법〉 작가에게 사람들이 기대했던 것이 기대만큼 또는 그 이상으로 구현되는 것이리라. 또한 김정연이라는 개인의 목소리를 듣고 있노라면 그가 〈혼자를 기르는 법〉이라는 작품을 만든 건 필연이라는 생각이 든다. 한 작가의 삶과 창작 활동을 하나의 묶음으로 다루기 위해서는 둘 사이에 인터뷰와 비평이라는 가교가 필요하다. 하지만 때론 이 두 영역이 처음부터 하나의 대지를 이루는 경우도 있다. 내겐 김정연 작가가 그러하다.

김정연 작가의
휴재 기간

익숙함 속
변화를 찾는
일본 여행

Q   왜 유독 일본으로 떠나는가?

요즘에는 일정이나 비용 탓에 주로 일본으로 여행을 가고 있지만, 서점이나 문구점, 중고 레코드점을 가는 것도 일본 여행을 떠나는 작지 않은 이유다. 예전에 직장을 다니면서 출장으로 일본의 서점들을 많이 찾아다녔는데 그 기억이 좋았는지 지금도 여전히 비슷한 성격의 여행을 하고 있다. 일본어를 전혀 읽지 못하지만 자료를 핑계로 이런저런 책들도 많이 사오는 편이다. 주로 종이나 인쇄를 참고하고 싶다거나, 표지나 내지의 디자인이 좋다거나, 그림이 많다거나 하는 것들이고 내용이 정말 궁금한 것들은 시간이 굉장히 오래 걸리긴 하지만 구글 번역기를 통해 대충이나마 훑어본다.

Q   책 외에도 본인의 흥미를 끄는 것이 있나?

숙소를 그 근처에 잡을 정도로 일본의 인테리어 잡화 쇼핑몰 도큐핸즈(tokyu hands) 역시 특별히 좋아한다. 기본적으로 주택 개조나 공예와 같은, 개인이 뭔가를 고치거나 만들기로 결심했을 때 얼마나 넓은 선택의 폭 안에서 세부적인 부품들을 구입할 수 있는지에 대해 살펴보는 것을 좋아해서 관련 코너들을 꼼꼼하게 구경한다.

Q   **자주 가는 만큼 나름의 패턴이 생길 수 있겠다.**

이런 여행을 반복하다 보니 늘 방문하거나 묵는 곳이 일정하다. 무엇이 유명하다더라 하고 체크해야 하는 압박도 전혀 없기 때문에, 더 솔직히 말하면 궁금한 게 없어졌기 때문에 되도록 조용히 걷는 시간을 많이 가지고, 대형 서점이나 문구점은 거의 한나절씩 잡고 가기도 한다. 언제든 마음먹으면 또 올 수 있다는 생각도 이런 낭비를 허락하는 데 한몫하는 것 같다. 그렇다고 여유만만한 성격은 아니라서 목적이 아주 없진 않고, 어떤 스테이플러를 고르는 게 최선일지, 백 엔으로 핀볼 게임을 좀 더 오래 할 수는 없을지, 유튜브로 들었던 음반을 찾을 순 없을지 같은 걸 이 기간만큼은 세상에서 제일 중요한 문제처럼 여기면서 다닌다. 이렇게 성공해도 그만, 실패해도 그만인 것들에 대해서 엄청 심각하게 고민해 보는 것이 리프레시에 도움이 된다. 이런 개인적인 미션에 도움을 주는 고마운 사람들을 우연히 만나기도 하고.

©김정연

Q   변화를 주고 싶은 생각은 없나?

최근에 갔던 오사카 여행에선 이미 알던 것들만 눈에 들어오는 바람에 슬슬 지역을 바꿔야겠다고 생각하던 참이다. 모든 층들이 각기 다른 바들로 이루어진 작은 건물을 발견했었는데, 오사카에 올 때마다 스탬프 찍는 기분으로 지하부터 한 곳씩 가 봐야지 하고 가볍게 생각했던 것이 이제는 전부 다 가보았다. 더군다나 좋아하는 서점도 절반으로 줄어들었고 마감을 하면서 몇 달 동안 간절하게 생각했던 군함말이도 맛과 탄력이 기억과는 멀어지는 바람에 이제는 이런 것들이 보이기 시작하는구나 싶어 변화를 고민 중이다. 하지만 막상 피로가 가장 누적되었을 때 계획하는 여행들은 새로운 곳에 대한 기대보단, 심리적인 거리가 가깝고 이미 알고 있는 곳을 선택하는 쪽으로 쉽게 기울게 된다.

Q   이런 일본 여행의 시간이 여행에서 복귀했을 때의 본인에게 도움이 되는 것 같나?

사진도 거의 찍어 오지 않고, 막상 여행 기간 내내 굉장히 우울했던 적도 많아서 여행을 좋아한다고 말해도 괜찮은 걸까, 그냥 공항이나 비행기 탑승을 좋아하는 것은 아닐까 의심도 해 봤지만, 매번 기회가 있을 때마다 여행지에 대해 생각하는 것으로 봐선 이를 중요한 환기로 삼고 있는 것 같다.

Story

이동건
〈유미의 세포들〉

이동건

미대에 진학했지만 한 학기만 다니고 그만둔 채 음악에만 열중했다. 밴드 활동을 하기 위해 광주에서 서울로 상경했고, 돈을 벌기 위해 핸드폰 고리 만드는 회사에서 아르바이트를 했다. 그러다 회사 디자이너가 퇴사하자 20만 원을 더 받는 조건으로 디자인 작업을 하게 됐다. 그러다 디자인 문구 회사인 '달콤한 회사'를 창업하고 캐릭터 상품 홍보를 위해 만화 〈달콤한 인생〉을 그리다가 네이버 웹툰에서 정식 연재를 시작하게 되었다. 여성 독자들의 마음을 잘 아는 남성 작가라는 평판을 얻었지만 〈달콤한 인생〉의 순위는 높지 않았고, 이후 앞으로 만화가로 계속 활동할 수 있겠다는 자신을 얻은 두 번째 작품 〈전여친〉을 비롯한 브랜드 웹툰 등을 연재하다가 2015년 〈유미의 세포들〉로 네이버에 복귀하며 높은 순위와 여성 독자들의 지지를 받게 되었다. 2016년 〈유미의 세포들〉로 한국만화가협회가 주관하는 '오늘의 우리만화'를 수상했다.

유미의 세포들

우리의 몸과 마음을 이끄는 다양한 욕망과 감정을 의인화한다면 어떨까? 얼핏 디즈니 애니메이션 〈인사이드 아웃〉을 연상케 하는 이 상상이 〈유미의 세포들〉의 출발점이다. 서른한 살 여성 유미의 몸과 마음 안에 있는 이성세포, 감성세포, 명탐정세포, 출출세포, 사랑세포 등등의 세포들은 유미가 겪는 후배에 대한 짝사랑, 진로에 대한 고민, 연애와 결혼 고민, 헤어짐 등 수많은 순간마다 반응하고 의논하고 싸우고 답을 찾아간다. 이동건 작가 특유의 팬시한 그림체로 그린 개성 강한 세포들의 귀여운 행동을 보는 것만으로도 즐겁지만, 이처럼 의인화된 세포들이 서로 의논하는 과정 안에서 주인공 유미 역시 각각의 상황마다 더 깊이 성찰하고 더 어른스러운 모습을 보이며 성장해 간다. 특히 자존감도 부족하고 자기 주장도 약했던 유미가 삶의 소소하지만 중요한 난관을 헤쳐 나가며 강한 자존감을 가진 여성으로 변모하는 과정은 많은 여성 독자들의 공감을 이끌어 냈다.

더 나은 사람이 되길
꿈꾸는 만화가

좋은 인터뷰어의 가장 중요한 기준은 얼마나 달변인가, 해당 분야에 얼마나 '빠꼼이'인가가 아닌, 대상에게 얼마나 호기심을 유지할 수 있는가라고 본다. 인터뷰어란 결국 질문하는 사람이고, 좋은 질문이란 내가 원하는 답변을 이끌어 내는 질문이 아닌, 진심으로 궁금한 걸 물어보는 질문이다. 조금 억지스럽지만 인터뷰이에게 이를 적용하면 좋은 인터뷰란 호기심을 불러일으키는 사람이다. 눈에 보이는 성과나 상징성, 인기, 독특한 인생 역정도 중요하지만, 그냥 그것을 보고 고개를 끄덕이거나 단지 감탄만 하고 끝나는 것이 아니라 이 사람은 왜, 또, 어떻게 그 선택을 했는지 궁금하게 만드는 그런 사람. 이는 이 책의 인물 선정에도 매우 중요한 기준이었다. 나를 궁금하게 만드는 사람. 그런 면에서 〈유미의 세포들〉을 연재하는 이동건 작가는 꼭 인터뷰하고 싶은 인물이었다.

사실 이동건 작가가 데뷔작 〈달콤한 인생〉을 연재하던 시기에 네이버캐스트의 인터뷰 코너에서 이미 그를 만나본 적이 있었고, 〈유미의 세포들〉 연재 중에도 당시 재직 중이던 〈아이즈〉 지면을 통해 인터뷰한 적이 있다. 그럼에도 여전히 그에게 호기심을 느꼈던 건, 당시의 인터뷰가 미진해서 미처 풀리지 않은 의문이 있어서가 아니다. 두 번째 인터뷰 당시 시즌 1을 마무리 짓던 〈유미의 세포들〉이 주인공 유미 몸속 다양한 세포들의 모습으로 어떤 평범한 일상과 연애 감정을 디테일하고도 귀엽게 연출해 낸 웰메이드 작품이었다면, 이후 유미가 연애와 헤어짐 안에서 한 사람의 주체적인 인간으로서 성장해 가는 과정을 담아낸 시즌 2는 특유의 팬시한 분위기와는 별개로 인간에 대한 뛰어난 통찰력과 개선에 대한 전망, 페미니즘 관점까지 포함한 작품이 되어 있었다. 이동건 작가의 사례가 흥미로운 건, 그가 보여 주는 발전의 양태가 더 세련되고 능숙해지는 수준을 넘어 과거의 자신과 일종의 단절을 이루기 때문이다.

〈달콤한 인생〉은 여성들의 심리를 귀엽고도 디테일하게 묘사하며 여성 독자들에게 호평을 얻었고, 작가가 남성이라는 사실이 알려졌을 때 그 자체로 화제가 되었다. 〈유미의 세포들〉 역시 그의 장기인 팬시한 그림체로 여성 주인공의 심리를 묘사한다는 점에서 비슷한 선상에 있는 작품처럼 보인다. 하지만 〈달콤한 인생〉이 남자는 잘 모르는 여자만의 감정, 남자는 이해할 수 없는 여자들만의 이야기를 풀어내는 방식으로 오히려 여성에 대한 고정관념을 재생산했다면, 〈유미의 세포들〉 시즌 1은 주인공 유미를 통해 '여자는 이러이러하다'라는 통념을 해체하고 시즌 2에 이르러서는 여성 개인의 주체적인 삶의 태도를 보여 주어 독자들에게 여성주의 텍스트로 불리기도 했다. 시대의 요구에 발맞춰 작가가 허겁지겁 여성주의를 학습이라도 했던 걸까? 그렇게만 보기에는 미처 소화되지 못한 어색한 구호 없이 서사 안에 자연스럽게 여성주의 시각이 녹아들어가 있다. 작품으로 작가를 유추하다 보면 자칫 왜곡도 생기지만, 이토록 뚜렷한 작품의 변화를 보며 작가의 변화에 궁금증이 이는 것은 당연하다. 무슨 일이 있었을까? 그리고 그것을 어떻게 발전의 동력으로 활용할 수 있었을까? 아니 더 근본적으로, 사람은 어떻게 변화하고 더 나아질 수 있을까?

캐릭터를 통해 반영되는 작가의 신념

"솔직히, 요새 분위기를 참고한 건 아니에요."

〈유미의 세포들〉 시즌 2의 변화에 대해, 그리고 그에 대한 독자, 특히 여성 독자의 호평에 대해 이동건 작가는 멋쩍은 듯 말했다. 사실 2015년 12월, 시즌 1이 끝났을 무렵 진행한 인터뷰에서도 그는 비슷하게 말했다. 2015년부터 온라인 플랫폼을 중심으로 한 페미니즘의 대두와 함께 문화 콘텐츠 속 미소지니(misogyny, 여성에 대한 편견과 차별, 여성혐오)에 대한 비판적 리뷰가 늘어났고, 웹툰을 비롯한 대중문화도 이로부터 자유로울 수 없었다. 그 역시 그런 분위기를 알고 있었지만 그렇다고 따로 관련 서적이나 사이트를 보고 열심히 공부한 건 아니었다. 그건 시즌 2를 연재 중인 현재도 마찬가지라고 했다.

"이야기를 풀 때 원래 조심하는 편이에요. 논란이 되는 젠더 이슈를 특별히 깊게 고민해 보지 않았고, 이를 작품에 녹여내려 의식한 적도 없고요."

인터뷰로 그에게 호기심을 가졌던 건 이러한 면 때문이다. 정치적으로 올바른 관점과 태도를 갖기 위해서는 누구든 지적 학습이 필요하다고 나는 굳게 믿는다. 하지만 이동건 작가는 스스로 그런 것과는 거리가 멀다고 말한다. 그럼 그런 장면은 어떻게 완성될 수 있었을까? 가령 잠시 동거했던 남자친구 웅이가 집에서 나간

뒤 공허해진 유미가 꿈속에서 자기 마음속 게시판 세포와 조우했을 때 "웅이는 특별한 사람이야, 내 인생의 남자 주인공 같은 그런 사람이야"라고 하자 게시판 세포가 "남자 주인공은 따로 없어. 이 이야기의 주인공은 한 명(유미)이거든"이라고 하는 장면 같은 것들.

이 대사는 페이스북의 '메갈리아4' 페이지에서 판매하며 화제가 되었던 'Girls Do Not Need A Prince'란 티셔츠 문구를 연상케 한다.

"비슷한 문구가 있는 걸 알긴 했는데 연결해서 이해하길 바라진 않았어요. 직접적으로 어떤 메시지를 담아내려 했다기보다는 결국 가장 중요한 건 나 자신이라는 이야기를 하고 싶었어요. 만약 침대에 누워 있던 게 유미가 아닌 웅이었다 해도 마찬가지였을 거예요. 자기 마음속의 게시판을 보고 주인공은 나 자신이라고 하는 장면은 사실 예전부터 구상하던 장면이거든요."

"남자는 이렇다, 여자는 이렇다는 생각을 가지고 그리지 않은" 덕에 가능했다고 하지만, 편견이 없다고 말하는 것과 실제로 편견을 지운 채 바라보고 그려 내기란 결코 쉬운 일이 아니다.

한국 사회에서 남자가 학교, 군대, 직장을 거치며 남성 공동체 특유의 서열화, 호전적 태도, 깎아내리기 문화에서 자신만의 신념을 지켜 내는 것은 상당한 용기와 의지가 필요하다. 하지만 이동건 작가는 일상생활 속에서 은연중에 느끼는 불편함을 모른 척 긍정하기 보다는 이를 인지하고 주체적으로 살아가고자 했고, 그러한 태도는 작품에도 고스란히 반영되었다.

"〈유미의 세포들〉웅이가 한 대사 중엔 제가 실제로 신조로 삼는 것들이 많아요. 가령 20대 때 많이 고민한 게 친구 문제였어요. 저랑 엄청 친하긴 한데 성격은 괴팍한 친구였죠. 어느 순간 그런 생각이 들더라고요. 친구니까 불편해도 이해해야 하나, 아니면 이해 가능한 사람과 친구로 지내야 하나. 이렇게 객관적인 말로 풀어내면 답은 분명한데, 그 상황에선 결정이 쉽지 않더라고요. 결국 후자를 선택하고 서로 이해할 수 있는 사람만 친구로 삼겠다고 생각했어요. 그때가 스물아홉이었어요. 비슷하게, 술자리에서 술이 어느 정도 들어가면 그게 본성인지는 모르겠지만 사람을 불편하게 하는 사람이 있는데 전체적으로 술을 마셔서 그런 거니 이해하자는 분위기였어요. 그땐 어떻게 대처해야 할지 몰랐죠. 훈계하자니 용기도 없고 언변도 달리고. 다들 괜찮다는데 나는 불편하고. 그런데 생각보다 간단한 거였어요. 그냥 그 자리에 안 가면 되고, 안 보면 되는 거죠. 10년 뒤에도 이 선택이 옳다고 생각할진 모르겠지만 지금으로선 그래요."

폭력적인 상황이 빈번하게 일어나는 집단 속에서 구성원으로 남기 위해서는 폭력의 주체가 되거나 폭력을 감내하거나 납득해야 한다. 당장 맞서 싸우진 않더라도 그것을 불편해하고 피하고 자신을 지켜 내는 것에도 주체적 노력이 필요하다. 불편에 익숙해지거나 젖어들지 않고 자신의 자아를 지키고자 했기에 이동건은 편견과 차별로부터 좀 더 자유로운 여성 주인공을 만들 수 있었다. 마찬가지로 보통의 이성애자로서 상대에게 상처 주거나 혐오의 표현을 피하며 좋은 사람이고자 하는 마음에서 낄 때 끼고 빠질 때 빠지며 감동을 주는 이상적인 남자 유바비 캐릭터 역시 탄생했다.

변화의 가능성을 믿다

〈유미의 세포들〉이라는 작품이 가지고 있는 성장의 서사는 조금 더 나은 사람이 되고 싶은 이동건 작가 개인의 욕망이 투영된 것일지도 모른다.

"제가 제일 싫어하는 말이 인간은 변하지 않는다는 거예요. 왜냐면 제가 되게 못났을 때 저 스스로도 너무 힘들었거든요. 돈도 잘 못 벌고, 어딜 가도 주인공보다는 구석 자리에 앉고, 누구도 나에 대해 궁금해하지 않는 삶을 살다 보면 인간은 변하지 않는다는 말이 너무 싫어져요. 안 변한다고? 지금처럼 계속 '쭈구리'로 살아야 한다고? 호감형으로 보이기 위해 푸시업도 매일 하고 이발도 2주에 한 번씩 해도 인간이 안 변한다고 하면 '이게 뭐야' 싶을 거 같았어요. 그걸 유미에게 적용했던 거 같아요. 어쨌든 쉽진 않아도, '사람은 변할 수 있지 않을까?' 하는 마음이요."

이 지점에서 내가 작품과 작가에게 품고 있던 궁금증과 작가의 문제의식이 그대로 조우했다. 사람은 그래서, 어떻게 변화하고 더 나아질 수 있는가? 답은 의외로 간단하다. 뚜렷하고 단순한 동기가 있으면 된다. 인류의 진보와 선의에 대한 거창한 믿음이나 철학까진 없어도 된다. '쭈구리'가 되고 싶지 않아서든, 누군가에게 더 멋지게 보이고 싶어서든. 다만 스스로의 목적에 맞게 제대로 행동

해야 한다. 지금의 내가 어딘가 부족하게 느껴진다면 그 부족한 부분 중 스스로 해낼 수 있는 것을 가늠하고 실천하는 것. 소위 '노오력'이 부족하다는 그런 말을 하려는 게 아니다. 구조의 문제를 배제하고 개인의 노력 운운하는 건 기만이지만, 그렇다고 자신이 해낼 수 있는 것들에서 손을 놓고 남 탓으로 돌리는 것 역시 옳지 않다. 가령 이동건 작가는 실연한 경험에 대해 "연애할 땐 언제나 내 편일 것 같고 닭살 돋는 시기도 있었는데, 그랬던 사람이 나를 찼을 때 충격이 컸어요. 마치 엄마가 집에서 나가라고 하는 느낌인 거죠. 난 남이라고 생각을 안 했으니까. 그때 처음으로 나 자신을 객관적으로 보게 됐어요. 머리 스타일이 별로인가, 말이 어눌한가?"라고 말한다. 성공하기 위해서는 자기 객관화가 필요하다고 너무나 많은 사람들이 말하지만 이 과정은 지성보다는 성격이 더 큰 영향을 미친다. 이동건 작가와 대화하며 나도 그 사실을 깨달았다. '네가 감히 나를 차?'라고 분노하기 전에 뭐가 문제였을지 고민해 보는 차분한 성격이 너무나 많은 것을 가른다는 것을. 아마도 이것이 스스로를 매우 평범한 남자로 여기는 작가를 현재 여성 독자들의 사랑을 받는 작가로 만들지 않았을까?

조금 더 부연하고 싶은 것은, 그 스스로 더 나은 사람이 되고 싶다는 욕구에 거창한 의미를 부여하지 않는 것처럼 또한 유미의 성장에도 너무 큰 의미를 부여하지 않는다는 것이다. 시즌 1에서만 해도 평범한 30대 비연애 여성이라는 이유로 자신감도 떨어지고 작품 속 세계에서도 약간은 휘둘리는 감이 있던 유미가 시즌 2에 이르러 웅이와의 연애에서도 더 어른스러운 모습을 보이고, 글 쓰는 재주를 인정 받아 마케팅 부서로 이동하고, 얄미운 한별 대리에게 한 방 먹이기도 하며, 무엇보다 웅이와 헤어진 뒤에도 과거와 달리 일상을 포기하지 않는 모습은 '인간은 변하지 않는다'에 대한 강력한 반례처럼 보인다. 하지만 이에 대해 이동건 작가는 사람은 더 나아질 수 있다는 자신의 바람을 투영하되 그 결과에 대해 "성장이라 표현할 수 있을지는 모르겠고, 내가 생각한 개념은 요령"이라고 소박하게 표현한다.

"'이 이야기의 주인공은 한 명'이라는 대사에도 나오지만 작품 안에서 일관되게 하는 이야기는 내가 일순위이고 내가 제일 중요하다는 마음, '꼬붕'으로 살고 싶지 않다는 마음이에요. 이런 주제 의식을 쭉 바탕에 깔아 왔기 때문에 어느 순간 유미의 행동으로, 결과로 나오는 거겠죠. 생각만 그렇게 하고 행동은 찌질이처럼 하면 안 되지 않을까요? 스스로를 다독였고 스스로를 응원했다면 시련이 닥쳤을 때, 하다못해 티라도 안 낼 수 있겠죠."

그렇다. 유미는 시련에 흔들리지 않을 만큼 강해지진 않았다. 다만 '나이를 먹어도 (감정의) 폭풍은 여전히 매서웠다. 다만 한 가지 달라진 것은, 이제는 폭풍에 무기력하게 쓸려가고 싶지 않다는 것이다'라는 만화 속 내레이션처럼 무기력해지지 않겠다는 다짐, 남 앞에 티 내지 않겠다는 다짐, 나의 일상을 지켜 내겠다는 다짐, 찌질해지고 싶지 않다는 다짐, 이처럼 사소한 것들을 포기하지 않는 과정이 한 인간을 좀 더 단단하게 만들어 낼 수 있다. 내가 나로서,

날 위해 살겠다는 이 심플한 다짐 안에서 한 작가는 눈에 띄는 성장을 이뤄 냈고, 우리는 유미라는 사랑스럽고 주체적인 여성 캐릭터를 얻었다.

신중하게 독자들의 목소리를 듣는 태도

하지만 이러한 성장 과정 속에 이동건 작가 역시 수많은 시행착오를 거쳤다.

"나는 별 생각 없이, 편견 없이 그린다고 해도 나도 모르게 그런 걸 가지고 있는 경우가 많겠죠. 가령 어떤 남자를 비하하기 위해 '가시내처럼, 너 여자냐' 이런 말을 하는 것처럼. 곳곳에 그런 게 숨어 있고, 그렇기 때문에 발견하는 즉시 없애려고 노력은 하죠. 무섭기도 해요. 그런 말을 은연중에 썼다가 공격 받는 두려움."

그가 말한 두려움이라는 것은 대중문화 속 여성혐오가 주요 의제가 된 후 상당수 작가가 호소했던 것이기도 하다. 다만 어떤 호된 비판 혹은 비난이 있을 때 이동건 작가는 억울해하기보다 행동을 교정하려 노력했다.

"제가 작품을 그리고 그걸 보는 사람들이 있으니까 발견하게 되는 것 같아요. 그냥 스스로 늘 쓰던 표현이라고, 앞집 아무개도 쓰고 다 쓰던 표현이라고 넘어가면 될까요. 아예 모르고 넘어가면 모르겠지만 이걸 보고 불편해하는 사람이 있는 걸 알게 됐다면 고민을 해야죠. 이걸 쓰는 건 좀 그런가? 가령 어떤 시사 프로그램을 보는데 여성 혼자 늦은 밤 골목을 걷는 게 얼마나 무서운 일인지 연출을 되게 잘했더라고요. 남자 입장에선 저기 가로등도 있고 편의점도 있으니 아무 문제없지만 여성 시각에선 달라질 수 있다는 걸 보여 준 거죠. 그것처럼 나는 잘 몰랐고 또 크게 불편함을 느끼지 않지만 다른 사람 입장에선 불편할 수 있잖아요."

이동건 작가는 〈유미의 세포들〉 연재 중에도 가슴이 뜨끔한 적이 있다. 유미의 연적이자 어느 정도 악역을 맡은 새이와 과거 유미의 연적이었던 루비가 술자리에서 대립 구도를 형성하는 에피소드에 대해 누군가 SNS에서 "전형적인 여적여(여자의 적은 여자)" 구도라 비판한 것을 본 것이다. 그럴 의도는 없었다. 하지만 그의 표현을 빌리면 "의도는 아니더라도 결과는 범죄일 때" 피해 가는 게 맞다. 중요한 건 작가의 의도가 아닌 독자 혹은 청자의 반응이다. 내 의도는 그게 아니라는 말도 틀린 말은 아니지만 잘못을 바로잡아 주진 않는다. 그에 반해 이동건은 독자들이 느끼는 불편함에 대해 쉽게 납득하는 편이라 말한다. '아, 이걸 그렇게 받아들일 수 있겠군요, 미안합니다, 제 잘못이 맞습니다, 고치겠습니다'라고 말하는 이 단순한 과정은, 하지만 우리 사회에서 쉽게 볼 수 없는 태도다. 일부 한국 남성들은 자신과 다른 의견을 접할 때 상대방에게 자신을 설득할 의무가 있다고 믿는다. 그에 반해 이동건 작가는 자신의 선의를 강변하거나 이견에 대해 화부터 내는 자기중심적인 태도가 없다. 상대방의 눈치를 살피는 조심스러움, 내가 자칫 누군가에게 상처를 줄 수도 있다는 두려움, 문제가 지적될 때 빨리 받아들이고 자신의 입장을 선회할 수 있는 겸손함. 이것이 바로 이동건 작가의 장점이자 강점이다.

"지금 보면 〈달콤한 인생〉도 걸리는 게 많아요. 여자는 이래, 남자는 이래, 안 예쁜 여자는 이래, 이런 걸 답습했죠."

〈달콤한 인생〉에 대한 지금의 입장을 물었을 때도 이동건 작가는 자신의 과거에 대해 방어적이지 않았다. 사실 이 부분에선 나 역시 자수해야 할 일이 있는데, 과거 그의 〈달콤한 인생〉을 일간지 칼럼에서 소개하며 이 작품에서 여성을 대하는 조심스러운 태도야말로 여성들의 마음을 잘 모르겠다는 남성들이 꼭 알아두어야 할 미덕이라 추천한 것이다. 분명 다시 봐도 여성의 마음에 대해 아는 척하기보다는 잘 모르는 부분이 있다는 걸 인정하고 궁금해하는 태도는 웬만한 남성 창작자들의 그것보다 훨씬 낫지만, 여전히 남성과 여성의 좁힐 수 없는 성차를 전제하고 인물 군상을 묘사한다는 점에서 그와 이를 긍정한 나 역시 비판으로부터 자유로울 수는 없다. 비록 당시에는 여성 독자들에게조차 상당한 공감을 얻었다 해도 그러하다. 홍상수 감독의 영화 〈지금은 맞고 그때는 틀리다〉라는 제목도 있지만, 사실 창작과 정치적 올바름의 문제에선 대부분 '그때는 맞고 지금은 틀린' 경우가 대다수다. 예전엔 사람들이 웃었던 게 지금은 혐오 코드로 분류될 수 있고, 과거엔 당사자들에게도 공감을 샀던 코드가 역시 차별과 배제의 코드로 분류될 수 있다. 작가 개인의 주관적 양심선언보다 중요한 건 독자들의 말에 귀를 기울이고 자신의 관점을 검토하는 것이다. 이때도 경계해야 하는 건 그렇게 검토되고 재구성된 자신의 관점에 확신을 갖는 것이다.

스스로 정치적 올바름을 추구한다는 자신만만함보단 남들 눈에는 어떻게 비치는지 슬그머니 찾아보고 방향을 선회하는 이동건 작가의 조심스러움이 어떤 면에선 작품의 리스크 관리에 더 유용하다.

"만화가 올라온 날 바로 댓글을 확인할 만큼 멘탈이 강하진 않아요. 우선 만화 올라온 다음 날 인스타그램부터 보죠. 인스타그램에선 부정적인 이야기를 별로 안 하니까요. 그 다음엔 트위터를 보고 그 다음에도 미심쩍으면 만화에 달린 댓글을 봐요. 그리고 거기서 방향을 바꾸기도 하죠. 유미와 웅이가 위기를 한 번 넘긴 다음에 쉬어가는 회차로 남 과장과 루비에 대한 이야기를 그렸는데, 그때 사람들 반응을 보고 '좀 더 고민하고 그려야겠는데?' 싶어서 우선은 다시 유미 이야기로 돌아갔죠."

조심스러움이 작품을 구원할지니.

〈땡땡의 모험〉에서 일본 망가까지, 그림체의 변화와 고민

사람은 더 나아질 수 있다는 본인의 욕망을 유미 캐릭터에 투영하며 〈유미의 세포들〉의 주제 의식이 만들어졌다면, 작화와 연출의 변화 과정은 더 나은 만화가가 되기 위한 이동건 작가의 실질적인 노력을 보여 준다. 사실 〈달콤한 인생〉에서 그의 그림체는 만화보다는 문구류에 더 어울릴 팬시하고 디자인적인 그림체였다. 밴드를 하겠다고 광주에서 서울로 올라왔던 그가 처음 그림을 업으로 삼게 된 건 핸드폰 고리를 만드는 회사에서 아르바이트를 하다 우연히 디자인을 담당하게 되면서였다. 〈달콤한 인생〉은 그가 혼자

창업한 디자인 문구 회사를 프로모션하기 위한 작업이었고, 그러다 네이버웹툰 연재가 결정되었다. 만화가를 목표로 한 적 없던 그가 만화가가 되면서 독자들의 반응을 살피고 조금씩 더 직업 만화가로서의 고민을 하기 시작했다. 손가락을 어떻게 그릴 것인지, 흰자위 없이 눈동자로만 그려진 눈 디자인을 어떻게 바꿀 것인지. 예전 그와 나눈 인터뷰 녹취록을 다시 확인하며 알게 된 사실이지만, 이미 그때부터 이동건 작가는 "캐릭터의 인체 비율이 너무 짧으면 행동 표현에 한계가 생기는 것"을 고민하며 비율을 늘려 갔고, "색을 〈스머프〉처럼 단색으로 칠해도 손가락이 있으면 할 걸 다 할 수 있다는 것"을 알아냈으며 "〈땡땡의 모험〉은 눈을 흰자위 없이 그리지만 인체 비율이 길어서 모험에 어울리는 것"을 파악하고 어떻게 활용할지 고민해 왔다. 초기 〈유미의 세포들〉은 그 고민의 결과물이다. 〈땡땡의 모험〉의 작가 에르제와 〈우주소년 아톰〉의 데즈카 오사무를 염두에 담고 그렸다고 밝혔지만 초기 〈유미의 세포들〉에선 유럽 카툰의 느낌이 물씬 난다. 세포들의 눈은 흰자위만으로 표현되고, 남자 후배 우기는 에르제가 그러하듯 검은 동자만으로 표정을 드러내며, 유미 역시 흰자위가 거의 없이 검은 동자의 움직임만으로 감정을 보인다. 신체 비율도 짧은 편이고 다리도 그냥 굴곡 없이 통으로 그렸다. 흰 상의에 파란 바지도 마치 "〈도라에몽〉의 진구가 그러하듯" 오직 그 옷만 입히겠다는 마음으로 정한 나름의 캐릭터 설정이었다. 이 색의 조합만 봐도 〈유미의 세포들〉이 떠오르면 좋겠다는 마음으로. 그러다가, 옷부터 바꾸기 시작했다.

"어느 날 아내에게 스토리 좀 봐 달라고 만화를 보여 줬더니 옷이 이게 뭐냐고 하더라고요. 회사에 있는 잘생긴 후배랑 꽃구경을 가는데 왜 이걸 입느냐고요. 말도 안 되고 공감도 안 된다고. 그때부터 옷에 신경 쓰게 됐어요. 누군가를 만나러 가면 실제로 그때 입을 만한 옷으로요. 그것 역시 독자가 몰입할 수 있는 요소니까요."

아내의 즉각적이고 거침없는 피드백, 특히 '재미없어'라는 말에 잘 삐치지만 이동건 작가는 이 경우에도 자신의 의도로 정당화하기보다는 동의할 수 있는 부분을 빠르게 흡수해 그림과 연출에 변화를 주었다. 이후에도 그림체는 조금씩 변해 갔고 시즌 2에 이르러서는 여전히 팬시한 분위기 속에서도 초기의 유럽 카툰 스타일보다는 훨씬 일본 '망가'에 가까운 눈매와 정돈된 윤곽선, 인체 비율에 가까운 몸매로 바뀌었다.

"처음에 〈유미의 세포들〉을 그릴 땐 〈스머프〉나 〈땡땡의 모험〉 같은 그림체가 가장 예쁘다고 생각했는데 그리다보니 또 다른 작가들의 그림체가 눈에 들어오더라고요. 이미지 공유·검색 사이트인 핀터레스트에서 다양한 이미지들을 보며 배우는데, 그런 걸 보다 보면 조금씩 영향을 받아요. 인체를 어떻게 해야겠다, 발목을 조금 더 가늘게 그려 봐야겠다, 색도 다른 방식으로 써 봐야겠다."

물론 모든 변화를 다 발전이라 부를 수는 없다. 그림체가 변하면서 훨씬 정돈되고 눈에 잘 들어오는 만화가 된 건 사실이지만 이동건 본인은 "평범해지는 건 아닌가 싶기도 해요. 초반 1, 2화는 색을 적게 써서 그런지 모르겠지만 개성이 있다는 느낌이거든요.

지금은 정돈이 됐지만 개성이 좀 덜하고요"라며 아직 자신의 선택에 대해 고민을 하고 있다. 한 사람의 독자로서 색감과 선, 그리고 눈매의 변화를 통해 세포들이 더 귀여워졌다고 보지만, 그럼에도 이동건 작가가 그림체에 대한 고민을 놓지는 않았으면 좋겠다. 이미 지금도 높은 수준이지만, 팬시한 개성을 만화라는 매체 안에서 최적화한 어떤 경지를 그가 보여줄 수 있다면 다양성이라는 면에서 만화 시장 전체에도 좋은 영향을 미칠 수 있기 때문이다.

"이승환 씨가 노래를 부르면 다른 가수 노래를 불러도 이승환이라는 걸 다 알잖아요. 저도 그러면 좋겠어요. 누가 봐도 이건 〈유미의 세포들〉 작가 그림이구나."

외주 작업 속에서도 살아 숨 쉬는 작가만의 개성

이승환의 보컬을 예시로 들기도 했지만 사실 작품 안에서 이동건 작가의 스타일을 알아보는 건 그리 어렵지 않은 일이다. 인터뷰 당시 그는 마침 KT 브랜드 웹툰인 〈지니의 세포들〉을 완결한 직후였는데, 작가 본인이 하고 싶은 이야기보다 제품의 홍보가 우선인 브랜드 홍보 웹툰에도 그는 자신의 인장을 새겨 넣는다. 웹툰 역사를 통틀어 최고의 괴물이자 천재라 불리는 조석 작가를 제외하면 이동건 작가처럼 브랜드 웹툰에서도 본인 정규 연재작만큼의 개성과 수준을 뽑아내기란 쉽지 않다. 보험사 브랜드 웹툰인 〈별을 부탁해〉는 초보 아빠의 시점에서 천방지축 딸 별이와의 유쾌한 일상을 통해 마치 일상 육아 만화 같은 재미를 주고, 그 안에서 벌어질 수 있는 작은 안전사고를 보험과 연결시켜 즐거운 일상을 위해 보험이 필요하다는 메시지를 자연스레 담아낸다. 재미도 재미지만 홍보를 위해 어느 정도 노골적인 표현과 대사가 출몰할 수밖에 없는 브랜드 웹툰 특유의 민망함이 그의 외주 작업에선 보이지 않는다. 사실 이것은 창작 능력이라는 말만으로 설명하기 어렵다. 모든 외주 작업이 그러하듯, 브랜드 웹툰 역시 클라이언트의 간섭과 요구를 충족시키면서 작가의 개성을 담아내야 하는 쉽지 않은 작업이다. 노골적인 홍보 만화가 나올 수도 있고, 별 갈등 없이 그냥 무난하지만 개성 없는 교집합을 내놓을 수도 있으며, 서로의 긴장이 생산적 수준을 넘어서며 감정적 골이 깊어지는 경우도 있다. 재밌게도 이동건 작가 본인은 고집을 부리지 않고 클라이언트 요구를 웬만하면 다 들어주는 편이다. 성격 때문이기도 하지만 그 과정에서 배운 게 많기 때문이다.

"〈달콤한 인생〉 이후에 긴 시간 동안 외주 작업을 했는데 그때 많은 걸 배웠어요. 가령 우체국 외주 작업을 하는데 그동안 저는 대화 순서랑 상관없이 말풍선을 배치했더라고요. 그걸 클라이언트가 고쳐 달라고 하는데, 그 요청을 받으면서 많이 부끄러웠어요. 내가 이걸 아무 생각 없이 했구나. 또 대사를 너무 많이 쓰면 사람들이 안 읽는다는 것도 외주 작업을 통해서 배웠어요. 스킬도 많이 늘었고요."

사실 클라이언트의 요구가 항상 합리적일 수는 없다. 때로 작가들이 싸움을 감수하면서도 자기 목소리를 내는 건 그래서다. 다만 불필요한 싸움은 피하는 게 낫다. 우선은 좋은 작품을 만드는 게 클라이언트와 작가 모두에게 좋다는 것을 공유하며 신뢰하고 협업할 수 있다면, 피드백 과정에서도 감정 소모는 줄이고 작품 자체에 좀 더 집중할 수 있다.

"초기 회의에선 어마어마한 피드백이 오죠. 주인공이 이러이러한 방식으로 가는 건 아니면 좋겠다, 이런 느낌이면 좋겠다, 이런 것들. 하지만 그렇게 회의를 하고 캐릭터가 나오고 1화가 만들어지면 그때부턴 비속어 같은 걸 잡아내는 걸 제외하면 재량에 많이 맡겨 주는 편이에요. 어쨌든 이동건이라는 작가를 선택했을 때 그들 역시 기대한 어떤 것이 있으니까요."

그런 면에서 〈유미의 세포들〉 연재 중에 함께 진행했던 에어비앤비 홍보 웹툰 〈나의 인생샷을 찾아서〉와 KT 인공지능 스피커 홍보 웹툰 〈지니의 세포들〉은 이동건 작가의 강점이 더욱 숙련된 동시에 브랜드 웹툰이 가야 할 방향을 보여 주는 듯한 작품이다. 〈나의 인생샷을 찾아서〉는 에어비앤비의 장점을 홍보하기보다는 어디론가 여행을 훌쩍 떠나고 싶은 마음을 자극하고, 〈지니의 세포들〉 역시 시니라는 제품의 성능을 보여 주기보다는 '지니의 세포들'이라는 가상의 캐릭터들로 인공지능 브랜드에 귀여움과 인간적인 친근감을 부여한다.

"처음 기획안이 올 때 '지니의 세포들(가제), 인공지능 스피커기가 지니 안에 세포들이 있는데 이들이 주인공과 교감하는 이야기, 영화 〈Her〉처럼'이라고 짧게 왔어요. 영화 〈Her〉처럼? 어떻게 하

라는 거지? 처음에는 이해를 못하고 기능적인 측면에 집중했더니 광고를 하지 않아도 좋으니 주인공과의 교감을 더 잘 그려 달라고 했어요. 그러다 알파고가 생각나서 딥러닝에 대한 이야기를 넣었더니, 너무 어렵고 모르는 사람도 있으니 더 쉽게 해달라고 하더라고요. 그래서 마지막으로 가져간 게 헤어진 남자가 연인에게 선물 받은 지니를 버릴까 말까 고민하는 이야기였는데 재밌다고 하더라고요. 그런 경우가 있어요. 이렇게 해도 돼요, 정말? 광고 안 해도 돼요? 물론 몇 가지 정해진 규정은 있지만 어차피 작품을 안 보면 광고를 백 번 넣어도 소용이 없잖아요. 이제 클라이언트들도 그걸 알게 된 것 같아요. 에어비앤비의 경우에도 광고보다는 에어비앤비를 통해 좋은 기운이 만들어지는 만화면 좋겠다고 했고요."

아쉽게도 이동건 작가는 〈지니의 세포들〉 완결과 함께 한동안, 적어도 〈유미의 세포들〉 연재 기간 동안에는 브랜드 웹툰을 하지 않기로 마음먹었다. 일의 양이 늘어나 쉴 시간이 없어 자신도 모르게 남에게 틱틱 대는 걸 느꼈기 때문이다. 외주라면 뭐든 좋다고 말하던 〈달콤한 인생〉 연재 때와 비교해 보다 길게 보는 작가가 됐다고 봐도 무방하겠다. 물론, 〈유미의 세포들〉의 높은 인기와 함께 고료가 오르며 외주를 하지 않아도 생활이 가능하게 됐다는 사실을 간과할 수 없겠지만.

인기에 흔들리지 않고, 한결같이 노력을 믿다

"지금처럼 계속 '쭈구리'로 살아야 한다고?"라는 절박한 마음으로 인간은 변할 수 있다는 이야기를 그리려 했던 이동건 작가는, 결과적으로 〈유미의 세포들〉의 성공과 함께 소위 인기 만화가의 반열에 오르게 되었다. 경쟁이 치열한 네이버웹툰에서 작품의 순위는 꾸준히 상위권에 속하며, 독자와 평단의 호응 모두를 얻었다. 매년 모든 웹툰 플랫폼과 출판 만화를 통틀어 다섯 편을 선정하는 2016년 '오늘의 우리만화'에 뽑힌 건 현재 그가 이룬 성취에 대한 가장 가시적인 증거일 것이다. 하지만 재밌게도 작품의 인기가 이동건 개인의 인기로 연결되진 않는다.

"작품이 잘돼서 몸값이 오른 건 기뻐요. 그런데 제가 대외 활동을 많이 하는 것도 아니고 술도 안 좋아하고 친구들도 적어서 사실 인기라는 것을 체감하진 못했어요. 그나마 교직에 있는 형이 저녁 먹으러 와서 '아무개 선생님이 〈유미의 세포들〉을 알더라'라고 전해 주는 게 제가 느낄 수 있는 인기의 최대치예요. 어디 나갔다가 누군가 다가와서 '혹시 이동건 작가님이세요?'라고 묻는 것도 아니고요."

최근 들어 MBC 〈무한도전〉 '릴레이툰 편'과 〈패션왕〉의 작가 기안84가 MBC 〈나 혼자 산다〉에 출연하며 웹툰 작가라는 직군이 일종의 셀러브리티가 됐다는 점에서, 이 정도의 인기작 작가가, 그것도 젊은 여성 독자들의 인기가 집중된 작품의 작가가 대외적인 활동도 하지 않고 하다못해 SNS나 작가의 말을 통해 개인의 캐릭터를 드러내지 않는다는 건 흔치 않은 일이다. 몇 개의 인터뷰를 제외하면 그는 오직 작품으로만 자신을 드러낸다. 아무리 고료가 오

이동건 - 유미의 세포들

르고 외주 의뢰가 더 많이 들어오고 작품의 순위가 높아진다고 해도 그 자신이 직접 인기의 달콤함을 누리지 못하는 건 아쉽지 않을까? 무엇보다 스스로 변화하고 더 나은 평가와 대우를 받고 싶어 하지 않았나. 하지만 그는 자신이 원했던 게 개인에 대한 관심은 아니었다고 선을 긋는다.

"내가 공들여 만든 게 인기가 있어야지 내가 인기 있는 게 무슨 의미겠어요. 팟캐스트나 라디오, 사인회 같은 제안이 들어왔는데 결국 다 거절했어요. 무대에 올라서 이야기하는 게 너무 불편하고 싫어요."

다시 말해 그가 변화하고 싶다던 자신의 모습, 더 나아지고 싶다던 바람은 무대 중앙에서 스포트라이트를 받고 싶은 욕망이 아니라 자신의 노력이 인정받는 것이다. 사실 이 두 가지를 무 자르듯 구분할 수 없고, 세상에 창작을 하거나 글을 쓰는 모든 인간에게 관심이야말로 가장 큰 동기라고 생각한다. 향상심과 관심 받고 싶은 욕망은 불가분 관계다. 문제는 본말이 전도되는 것이다. 더 나아져서 남에게도 그걸 인정받고 싶다는 것과 그냥 타인에게 사랑받고 싶다는 건 다르다. 남에게 사랑받는 것 자체가 목적이 되고 타인의 평가에 의탁할 때, 내가 무엇으로 인정받고 싶었는지를 잊게 된다. 그토록 조심스러운 이동건 작가가, 그럼에도 남들이 어떤 작품을 하는지 어떤 트렌드가 유행인지 기웃대지 않고 자기 길을 갈 수 있는 건 그 때문이지 않을까?

"영화 〈라라랜드〉의 '나도 역사를 다시 쓸래요'라는 대사에 큰 위로를 받았어요. 내가 잘하고 있는 건가, 다른 작가들은 어떻게 하고 있나 싶다가도 '내가 새 역사를 쓰는 거야'라고 생각하면 마음이 편해져요. 성공을 위한 요령이 있다 해도 그게 사람마다 동일하게 적용되진 않을 테니까요."

그렇게 인기 만화가가 된 지금도 여전히, 이동건 작가는 인기에 취하거나 인기를 잃지 않기 위해 전전긍긍하는 대신 자신이 아는 가장 냉정한 독자인 아내에게 작품을 보여 주며 피드백을 받는다. 피드백이 너무 냉정하다며, 재미없다는 말에 삐치고 툴툴대면서도 그렇게 여전히.

이동건 작가의
휴재 기간

죽은 듯 휴식,
그리고
다음 작품 준비

Q   휴재 기간을 보내는 특별한 요령은 없나?

데뷔작 〈달콤한 인생〉을 끝낸 뒤 한 번 긴 휴식을 가진 이후에 곧바로 두 번째, 세 번째 작품을 연재했던 터라 작품과 작품 사이의 공백을 어떻게 사용하는지에 대한 나만의 규칙이 따로 있는 건 아니다. 긴 휴식 당시 내 형이 기억하는 나의 공백기는 이렇다. 집에 놀러 오면 늘 침대 위에 널브러진 귤껍질과 만화책들 사이에서 죽은 듯이 자고 있었다고. 계획을 세워 스스로에게 도움이 될 만한 걸 하진 못했다.

Q   휴식을 취하겠다는 다짐조차 없던 건가?

휴식을 갖는다는 느낌보다는 그냥 '끝났다'라는 기분이었다. 요령이라고는 전혀 없는 초보 작가가 힘을 잔뜩 들여 연재를 하다가 종료를 하는 것은 밤을 새워 일을 하고 다음날 아침 침대로 고꾸라지는 것과 비슷한 기분이다. 다음 단계를 어떻게 밟겠다는 생각을 할 여유는 없었고 그냥 좀 쉬었으면 좋겠다는 생각뿐이었다.

Q   소위 번아웃이었나?

번아웃 상태였다. 쉬운 일을 어렵게 하는 초짜가 일을 끝내면 그런 상태가 된다. 그렇다고 무력감이나 회의감을 느끼는 상황은 아니었고, 다음엔 좀 더 요령 있게 잘할 수 있을 같은데, 이런 생각을 많이 했다. 그리고 곧바로 다시 뭔가를 만들고 싶다는 의욕이 타올랐다.

Q   그럼에도 꽤 길게 쉬었다.

첫 번째 작품과 두 번째 작품 사이의 공백이 긴 건 준비한 작품들이 많이 반려되었기 때문이다. 작품을 연재하기 위해서는 세 번의 컨펌이 필요하다. 첫 번째는 작가 스스로의 컨펌, 그래야 누군가에게 보여 줄 수 있다. 두 번째는 작가가 신뢰하는 지인들의 컨펌, 그래야 힘을 얻어 웹툰 편집자에게 보여 줄 수 있다. 세 번째가 연재처에서의 편집 회의를 통한 컨펌. 당시 나는 첫 번째와 두 번째를 계속해서 반복했다. 솔직히 말하면 당시의 나는 어떤 이야기를 만들어야 할지도 몰랐던 것 같다.

Q   그렇다면 〈유미의 세포들〉이 완결된 이후엔 어떤 시간을 보낼 것 같나?

〈유미의 세포들〉을 완결하더라도 원고를 만드는 감각을 잃지 않으려 노력할 생각이다. 〈달콤한 인생〉 완결 이후 많은 시행착오를 거친 이유 중 하나가 원고 만드는 감을 잃어버린 상태에서 새로 시작하려고 했기 때문이다. 일부러 스스로를 혹사할 필요는 없지만 완전히 원고에서 손을 놓는 것은 굉장히 위험한 일이다.

Q   그럼 언제 쉬고 언제 인풋을 하나?

마감 전날 정도를 제외하고는 거의 모든 날 새벽에 IPTV를 통해 영화를 본다. 공부하려는 마음은 아니고 내가 할 수 있는 몇 안 되는 여흥이기 때문이다. 가령 쿠엔틴 타란티노 감독의 영화에서 각 인물이 자신의 의중을 숨기고 대화를 주고받는 장면은 참 재밌다. 그 외에도 음악은 작업할 때 커피와 함께 반드시 필요한 것 중 하나다.

Epilogue _ 선배에게 듣다

자신만의 길을 찾아가는
이 시대의 만화가들

프롤로그에서 말했듯, 이 책에선 단순히 젊은 만화가들의 목소리를 듣고 모으는 것에 그치지 않고 근본적으로 '왜 젊은 만화가에게 물어야 하는가?'라는 질문에 답하려 했다. 이번에 만난 젊은 만화가들은 종으론 세대적 단절을 겪은 새로운 세대에 속하며, 횡으론 단자화된 개인에 가까웠다. 어릴 때부터 수많은 만화책을 섭렵하며 만화라는 언어를 반쯤은 자신의 모국어처럼 여기고 그 본질적 문법을 이해하려 노력하고 있는 이종범 작가 같은 이들도 있지만, 만화라는 장르의 유산보다는 자신이 선 경험의 지평 위에서 자신만의 만화를 구성하고 새로운 방식을 배우고 만들어 가는 김정연, 이동건 작가 같은 이들도 있다. 애니메이터로서 시간의 흐름 안에 각 컷의 느낌을 어떻게 담아낼지 고민하는 한지원 감독과 경험의 파편들을 사후 성찰로 만화에 녹여내는 난다 작가의 방법론에서 공통분모를 찾기란 어려운 일이다. 그리고 이처럼 종으로 횡으로 어느 정도의 단절 위에서 자신의 세계를 만들어 가는 것이야말로 지금 이 세대 만화가들을 말 그대로 특별하게 만들어 주는 요소라고 생각한다. 스마트폰의 발명과 웹툰이라는 플랫폼의 발달을 통해 단군 이래 그 어느 때보다 만화가 대중의 사랑을 받는 이 시대의 배경 위에서 이들 작가가 탄생하고 인기를 얻었으며 또한 이들이 만들어 낸 새로운 만화의 작법과 재미가 지금 이 만화의 부흥기를 이끌어 내고 있다.

때문에 여기에 소개된 다섯 만화가들의 인터뷰를 읽으며 어릴 때부터 꾸어 온 만화가의 꿈이나, 만화가로서의 기발한 상상력처럼 사람들이 흔히 만화가에게 기대하는 어떤 공통의 태도나 로망을 발견하긴 어려울 것이다. 하지만 이것이 만화와 만화가에 대한 동경과 호기심을 떨어뜨리는 것은 아니다. 각각의 꿈과 삶, 하고 싶은 이야기가 어떻게 만화라는 매개로 각각의 작품 안에서 구현되었는지 이들의 인터뷰를 작품과 함께 병행해 읽어 본다면 역설적으로 만화라는 매체와 만화가라는 직업이 가진 무궁무진한 가능성과 흥미로움을 느낄 수 있다. 이것이 만화가라는 업의 본질인지는 알 수 없지만, 어떤 면에서 이 인터뷰들이 드러내는 것은 업의 본질에 대한 질문과 추구가 오히려 많은 것을 놓치게 한다는 것이다. 만화의 근원적이고 공통된 본질을 탐구하기보단 만화로 무엇이 가능했고 또 무엇을 더 할 수 있는지 생각하고 상상하는 것이 독자에게 더 많은 것을 선사하는 동시에, 만화가라는 길에 관심을 가지고 또 직접 뛰어들고 싶은 계기를 선사하리라 본다.

하지만, 그것으로 충분한 걸까? 개인들이 자기 방식대로 자신의 만화를 그려 독자들의 사랑을 받으면 그것으로 끝인 걸까? 창작의 영역만 본다면 그럴지도 모른다. 하지만 앞서 말했듯 이들 세대의 등장에는 새로운 기술과 플랫폼이라는 공통의 맥락이 있으며 창작의 자유로움을 극단으로 추구하는 작가조차 이러한 물리적 배경에 종속되는 한 명의 마감 노동자가 될 수밖에 없다. 작가로서 새로운 문법을 만들어 나가는 것만큼이나, 만화가라는 이름을 달고 활동하기 위한 여러 사회적 시장 맥락에서의 규범과 표준을 만들어 가는 일 역시 동시대를 사는 젊은 만화가들의 몫이다. 즉 각각의 만화가들은 만화라는 시대를 초월하는 본질 안에서 하나가 되진 않을지라도 바로 '지금 여기'라는 공통의 배경을 딛고 서 있으며, 이 배경에 대한 고민과 개선은 만화가라는 직업으로 할 수 있는 일이 더 풍부해지는 계기가 될 것이다. 이런 문제의식 안에서 동시대 젊은 만화가들과 함께 소통할 수 있는 동시에 경험에 바탕한 귀중한 조언을 해 줄 수 있는 선배로 윤태호 작가를 떠올리는 일은 어렵지 않았다.

〈이끼〉와 〈미생〉이라는 걸작을 통해 웹툰과 미디어믹스 모두에서 흥행과 호평을 이끌어 낸 윤태호 작가는 이미 현재 가장 유명한 만화가지만 그에게 인터뷰를 요청한 건 그 때문만은 아니다. 그는 한국 출판 만화계를 양분하던 허영만 작가의 화실에서 문하생으로 성장해 출판 만화 〈야후〉를 통해 본인이 경험한 1990년대를 동시대 만화 안에 생생하게 담아내었으며, 또한 웹툰으로 만화의 패러다임이 변화할 때 빠르게 넘어와 〈이끼〉와 〈미생〉을 그려 내며 출판 시대와 웹툰 시대 모두에서 성공적인 작품을 남기는 동시에 해당 시대 사람들의 공감을 이끌어 낸 흔치 않은 작가다. 그에게 세대를 이은 경험으로부터 젊은 만화가들을 위한 제언을 들을 수 있지 않을까 기대했다. 특히 2017년엔 사단법인 한국만화가협회 회장직을 맡으면서 웹툰 시장의 여러 현안에 대해 후배 작가들과 함께 논의하고 정부 부처에 개선책을 요청하며, 새로운 만화 플랫폼인 저스툰을 기획해 오픈하는 등 실천적 활동을 왕성히 벌이고 있다는 점에서 그는 실제로 만화계의 믿음직스러운 어른이자 선배이기도 하다. 현재진행형의 만화가인 윤태호 작가의 제언을 젊은 만화가들, 그리고 독자들에게 전한다.

단단한 필력과 연출력,
믿고 보는 만화가 윤태호에게 듣다

Q : 올해 웹툰과 웹소설 플랫폼 '저스툰'을 런칭했다. 예전부터 교양 만화 플랫폼을 만들고 싶어 한 걸로 아는데 그 맥락인가?

A : 솔직히 처음에 생각했던 플랫폼의 형태는 아니다. 교양 만화 같은 기획 만화는 지금 당장 하자고 마음먹는다고 되는 건 아니고 적어도 반년 정도 사람들이 시간을 들여야 하는 거라, 우선은 작가들이 이미 작업 중이던 원고들을 모아 플랫폼을 시작할 수밖에 없었다. 서서히 바꿔 나갈 수밖에 없을 거다.

Q : 신작 〈오리진〉을 저스툰에 런칭했는데, 본인이 생각하는 교양 만화의 범주가 〈오리진〉 같은 거라고 생각하면 되는가?

A : 〈오리진〉은 플랫폼을 생각하지 않고 애초에 단행본 시장을 타깃으로 기획한 작품이다. 저스툰에 100퍼센트 들어맞는 만화는 아니다. 내가 생각한 가장 매력적인 예시는 〈마스터 키튼〉이나 〈식객〉, 〈신의 물방울〉 같은 거다. 사람들이 정보를 배운다는 느낌이 아니라 만화를 재밌게 읽다 보면 저절로 교양을 쌓을 수 있게 되는 것. 그런 걸 하고 싶다. 그리고 〈기생수〉 같은 작품도 넓은 범주 안에서의 교양에 속한다고 본다. 첫 권 첫 페이지에서 시작된 문제 의

식이 만화 전체를 다 포함하지 않나. 활극처럼 보이지만 주인공 신이치의 어머니가 기생수에 점령 당하는 과정에서 보이는 인간 존재에 대한 고민 같은 것들이 교양이 아니라면 무엇이 교양일까? 저스툰을 맨 처음 구상할 땐 완전 포르노와 이유 없이 폭력이 난무하는 학원폭력 만화를 제외한 모든 만화는 교양적인 요소를 갖는다고 생각했다. 그런 작품 중에서 좋은 것들을 찾고 싶다.

Q : 그런 작품을 모으고 싶다는 건 본인의 로망인가, 아니면 교양을 전달하는 매개체로서의 만화의 효용성을 믿어서인가?

A : 우선 내가 즐겨 봤던 영화나 소설들에 교양적인 요소들이 굉장히 많았다. 가령 영화 〈파고〉는 말 그대로 교양적인 걸 전시해서 교양적인 게 아니라, 작가가 가지고 있는 문제의식과 시선이 작품을 교양의 수준으로 끌어올리지 않나. 사실 이야기를 보면 너무 어이가 없다. 개미 한 마리도 못 죽일 것 같은 남자가 돈 때문에 굉장히 위험한 짓을 벌이는데, 그걸 왜 할까 생각해 보면 지금 살고 있는 이 세상의 세태가 보인다. 결국 너는 네 뜻대로 되는 게 없을 것이고, 너를 후려쳐 먹었던 놈들도 잘 되진 못할 것이다. 누구도 그저 뜻대로 되는 건 없다는 걸 영화가 말해 준다. 그러면서도 주인공인 임신한 경관이 이 모든 걸 정리하면서 강력한 페이소스를 간직한 긍정의 힘을 보여 준다. 그런 작품을 볼 때 교양이라는 것을 생각하게 된다.

Q : 그건 독자로서의 로망에 가까운 건데, 이 시장을 위해서도 그런 흐름이 필요하다는 생각인가?

A : 1990년대에 일본에서 〈동경대학 이야기〉의 에가와 타츠야 작가와 토론을 한 적이 있는데 그 당시에는 일본에서도 만화에 대한 인상이 그렇게 우호적이지만은 않았다. 에가와 타츠야는 우리나라로 치면 청담동의 궁궐 같은 집에서 사는데도 굉장히 저속한 이미지로 찍혔다. 여고생 속옷 그려서 돈 번다는 식으로 비아냥거림도 듣고. 하지만 또 반대로 그 시기에 그려진 좋은 작품은 지금도 살아남았다. 마찬가지로 지금의 웹툰이 현금 결제를 유도하고 영화화되는 식으로 시장이 커지고 있는데 여기서 끝이 아니라 앞으로 어떤 무언가가 더 있을 것 같다. 당장에 돈 되는 것은 아니지만 아직 예상하지 못하는 그런 가치.

Q : 사실 굉장히 많은 웹툰 플랫폼이 생기고 각각 백 편 이상씩의 작품을 내놓다 보니 질적 하락에 대한 이야기도 많이 나온다.

A : 전반적인 질이 떨어지는 건 아니냐는 우려도 나오는데, 나는 너무 걱정할 필요는 없다고 본다. 분명히 누구 한 명은 나오지 않을까 싶다. 언제든 그 시대를 이끄는 누군가가 꼭 있다. 가령 정말 엄청난 전천후 작가가 나올 수도 있는 거다. 마치 페이지 넘기듯 시대를 정리해 주고 넘어가겠지. 그렇다면 그 시대를 준비하지 못한 작가들은 우수수 떨어질 수도 있고, 자기 나름대로 오리지널리티가 있는 시장을 개발하지 못한다면 다른 물결에 대체될 수도 있고.

그래서 독자들이 걱정할 일이 아니라 작가들이 걱정할 일이라고 본다. 결국 시간이 지나고 나서 봐도 새롭게 읽힐 거리가 있는 만화들을 그리는 사람들이 남지 않을까? 앞서 말한 〈마스터 키튼〉이라거나. 뭐 〈슬램덩크〉 같은 건 말할 것도 없고.

Q : 가령 일본에는 데즈카 오사무, 토리야마 아키라, 이노우에 다케히코, 오다 에이치로 같은 세대별 만화신들이 있지 않나.

A : 우리나라도 그렇게 될 것 같다. 지금 웹툰 작가들은 누구의 문하생 출신이 아니라는 것을 딱히 핸디캡으로 생각하지 않는 것 같다. 오히려 그들끼리 연대하고 즉각적으로 정보를 공유한다. 그런 면에서 우리 세대와 비교할 때 가장 차이가 나는 건 독립성 같다. 문하생 출신들은 혼자는 싫지만 다른 화실 출신들을 만나는 것도 불편해하는 한편, 지금의 웹툰 작가들은 혼자이길 두려워하지 않기 때문에 역설적으로 낯선 사람을 만나는 것에도 거리낌이 없다. 그렇기 때문에 작품을 할 때마다 소규모의 그룹도 쉽게 만들고 또 해산했다가 새로 조직하는 것도 유연하게 한다. 그 지점이 굉장히 매력적이다. 최근 젊은 작가들을 중심으로 한국만화가협회 산하 한국웹툰작가협회를 만들면서 젊은 웹툰 작가들과 회의를 많이 해 보니 우리 때와는 다른 생동감을 가지고 있다. 책상머리에서 계속 회의하는 법이 없다. 바로 일어나서 행동하지. 말과 실제 행동이 굉장히 근사치에서 움직이는 창작자 그룹이 생긴 것 같아서 기대가 크다.

Q : 분명히 현재의 웹툰 작가들은 과거의 세대와 단절된 면이 있고 그것이 장점인 세대이긴 한데, 그럼에도 윗세대로부터 물려받아야 할 유산이 있다면 무엇일까?

A : 퀄리티에 대한 경험? 꼭 필요하진 않을 수 있는데 창작자로 계속 살아 간다면 인생 중에 한 번쯤 스스로 경험해 보면 좋겠다. 자신이 생각했던 퀄리티보다 한 발자국 두 발자국 더 애써 본 경험이랄까? 그걸 해 보면 스스로에 대한 신뢰가 좀 더 강해진다. 원래 목표가 10이었다면 5~6만 이뤄도 원래 할 수 있던 것보다 높은 수준이 된 거니 대단한 거다. 실력이 1일 땐 5 너머의 세계가 눈에 안 보이지만, 5 정도의 근사치로 가면 5 너머의 광야가 눈에 들어온다. 그곳이 정상이라는 게 아니라 그 다음 세계를 볼 수 있는 문턱인 것 같다. 그래서 애를 써서 자기 실력을 고취시키다 보면 그것을 통해 또 다른 세상이 보이게 될 거다. 그런 고무된 경험을 해 본 사람들은 후배 창작자를 대할 때도 굉장히 긍정적으로 대할 수 있을 거다. 무조건 하면 된다는 게 아니라 어떻게 하면 되는지 좀 더 디테일하게 말해 줄 수 있는 사람이 된다. 단순히 그림을 잘 그리는 걸 목표로 삼으라는 건 아니고, 자신에 대한 확신을 갖기 위해서라도 젊었을 때 좀 더 퀄리티에 집착하고 경험해 보면 좋겠다.

Q : 그것이 작품 내적인 부분이라면, 작품 외적으로 한국만화가협회 회장으로서, 또 선배 작가로서 후배들을 위해 무엇을 해야 할지도 고민을 많이 하는 것 같은데.

A : 독자의 반응이 바로바로 온다는 점에서 지금 시장이 젊은 작가들에게 좋은 점도 있겠지만 과거 만화계에 비해 독자들의 관심이 빠르게 옮겨가는 면도 있다. 이른바 충성도가 그렇게 있진 않더라. 쉬는 사이에 인기가 다른 사람에게로 훅 넘어간다. 그런 면에서 지금 젊은 작가들은 굉장한 전환기이자 어려운 시점에 작업을 하는 사람이고 그래서 그 안에서 애를 쓰고 살고 있는 사람들이 안쓰럽기도 하다. 그렇다면 꼰대처럼 하지 않으면서 어떻게 도와줄 수 있을까? 그래서 앞서 말한 한국웹툰작가협회를 만들었다. 여러분이 주도적으로 하되 나도 옆에서 지원하겠다.

Q : 시장이 너무나 빠르게 성장한 만큼 노동자로서의 만화가의 권리에 대한 부분이 제대로 정리되지 않고 넘어가는 면이 있다.

A : 사업자들은 새로운 아이디어를 빠르게 내놓는 한편 작가들은 그 달라지는 변화와 계약서에 대응하는 게 너무 뒤늦다. 처음에는 연재만 하면 감지덕지라고 생각하고 덜컥 계약을 하지만 서서히 작가로서의 자의식이 생기고 본인의 노동 강도에 대한 자각이 생기면서 이건 불합리하다는 생각을 떨칠 수 없는 지점이 생긴다. 그때 플랫폼 사업자들이 계약 당시에 서로의 정보가 균일하고 대칭적이지 않았다는 걸 인정하고 수정해 주면 좋은데 이게 쉽지 않다. 작가는 처음엔 A라는 플랫폼과 계약했다고 생각했는데 이 회사가 해외 진출을 하면서 자기 작품을 아무 대가도 없이 해외에 연재하는 경우, 작가 입장에선 그에 대한 법적인 설명을 듣지 못한 게 화날

수밖에 없지 않나. 그리고 계약을 하기 전 계약서의 내용을 미리 검토하고 조언을 구할 수 있게 해야 하는데, 주변에 물어보지도 못하게 하고 비밀 유지 조항 같은 걸로 신인들을 겁주는 일은 정말 폭력적인 짓이다. 하다못해 부모에게라도 조언을 구할 기회를 줘야지.

Q : 그렇다면 협회 차원에서 플랫폼 사업자들에게 어떤 걸 제안할 수 있을까?

A : 우리가 아직은 서로 짐작할 수 없는 사업 모델이 있다면 그것에 대해선 계약에서 빼 달라고 플랫폼 사업자들에게 제안하고 싶다. 가령 과거 PC 화면에서만 만화를 볼 땐 스캔 만화, 온라인 만화에 대해 어떻게 해야 할까만 생각했지 모바일의 시대는 생각도 못하지 않았나. 그런데 그걸 무조건 디지털만화 전송권으로 퉁쳐서 모바일로 가져가는 건 불합리하지 않나. 그리고 문화부에는 오픈 마켓을 만들어 달라고 제안하고 싶다. 작가가 플랫폼과의 판권 시효가 끝난 작품들을 표준압축방식으로 마켓에 풀 수 있게. 그러면 독자는 마치 음원 파일을 다운 받듯 만화를 사 가면 되지 않나. 복제도 방지하고. 그런 오픈 마켓에서 판매가 잘 되는 작가들 열 명이 모여서 회사를 만들고 자신들의 IP(Intellectual Property right, 지적 재산권)를 관리하게 한다고 생각해 보자. 그 회사가 성장하고 후배 작가들을 데려와서 프로듀싱해 주면서 그 IP로 지금 작품의 시즌 2, 3을 그리게 하면 그게 DC고 마블인 거다.

Q : 결국 다시 저스툰 이야기로 돌아올 수밖에 없을 것 같다. 작가에게 그런 역할을 해주는 플랫폼을 만들고 싶은 것 아닌가?

A : 뛰어난 작가를 범박하게 분류했을 때 창조형 작가가 있고 완성형 작가가 있다. 〈핑퐁〉의 마츠모토 타이요나 〈아키라〉의 오토모 카츠히로처럼 전무후무한 작가들은 창조형이다. 그냥 뚝 떨어진 것 같은 사람들. 그에 반해 〈20세기 소년〉의 우라사와 나오키는 분명 엄청나게 뛰어난 작가지만 어디서 뚝 떨어진 느낌은 아니다. 하지만 그가 창조형 천재가 아니라고 해도 그가 만들어 낸 견고한 세계를 좋아하는 독자가 얼마나 많나. 그 부분은 프로듀싱과 노력으로 가능할 수도 있는 영역이라는 거다. 가령 〈창천항로〉 같은 작품은 〈삼국지〉라는 모두가 다 아는 고전을 좀 다른 시선으로 바라본 것만으로 굉장히 새로운 작품을 만들어 내지 않나. 또 영화 〈무간도〉도 엄청 혁신적인 작품은 아니다. 과거의 뛰어난 홍콩 느와르들을 현대에 맞게 잘 이식한 거지. 저스툰 같은 플랫폼에서 이런 걸 해줄 수 있지 않을까 싶은 거다. 탄탄한 작품을 편집부에서 기획하고 만들면, 짐작도 못할 천재적 작품은 말 그대로 창조형 작가가 그냥 들고 오는 거고. 기본적으로 완성형 작가들을 통해 탄탄한 작품이 많은 플랫폼을 만들면 밖에서 저스툰을 바라보는 천재적이고 개성 강한 작가도 저긴 굉장히 안정적이니 내가 들어가도 크게 간섭받지 않고 놀 수 있겠구나 생각하면 좋겠다.

Q : 요즘 웹툰 시장에 어느 때보다 정치적 올바름에 대한 요구가 많아지고 있는데 이런 현상에 대해 어떻게 생각하는가?

A : 이 현상은 당연한 것 같다. 지금은 정말 많은 사람들이 만화를 보고 사랑하면서 자유롭게 말을 하는 분위기가 되었다. 요즘 젊은 작가들은 이런 피드백을 무시할 수 없다는 자세가 있는 것 같다. 이렇게 한 세대가 지나면 지금 논란이 되는 것들을 경험한 독자들이 작가가 되면서 또 무언가의 껍데기가 한 꺼풀 벗겨질 것이다. 지금의 다양한 피드백과 논란은 당연한 수순 같다. 다만 연재할 때 소통만을 염두에 두며 작품을 하긴 어렵다. 작품을 할 땐 기본적으로 첫 번째 독자인 나 자신을 만족시키길 바라고, 두 번째로는 편집자가 반하길 바라고, 마지막으로 독자들이 내 작품을 좋아하길 바란다.

Q : 하지만 바로 그 작품에서 세상에 대한 관심과 소통이 드러나지 않나?

A : 내가 만나 본 창작자들은 다들 세상에 관심이 많은 것 같다. 분야를 특정한다면 정치 쪽일 수도 있고, 사람 사는 모습일 수도 있고, 이 지구라는 행성일 수도 있고. 세상에 대해 세계에 대해 관심이 있다. 나 같은 경우엔 사람에 관심이 있는 것 같다. 그 시대에 막 소비되어 버린 사람들. 그런 사람들에 관심이 있다 보니 당연히 그 시대를 그릴 수밖에 없는 거고. 그래서 시대를 말하는 작가처럼 보이기도 하는데, 나는 오히려 사람 이야기를 하고 싶은 거다.

Q : 이미 동시대를 대표하는 작가지만, 스스로 완성형 작가의 한 극단이 되고 싶진 않나?

A : 솔직히 50대가 넘으면 직접 펜을 들고 그림을 그리는 게 물리적으로 힘들어진다. 내년이면 나도 쉰이다. 그렇다면 나는 좀 더 프로듀서로서 협업을 하는 쪽으로 가고 싶다. '내가 이걸 그렸어'라고 말하기보다는 내가 하고 싶은 걸 모두 합한 결과물로 펼쳐 보이고 싶은 거다. 한 사람의 장인으로서 극단을 추구하는 타입의 작가는 아닌 것 같다.

Q : 나이를 이야기했는데, 선배로서 좋은 선례를 남기고 싶은 마음도 있을까?

A : 몇 살까지 작업할지는 모르겠지만 나는 청년처럼 살고 싶지는 않다. 창작자들의 경우 '나이 먹어도 젊게 살아야지, 청년처럼 살아야지'라고 말하는 경우가 있는데, 나는 청년처럼 살기보단 나이에 맞게 원숙하게 살고 싶다. 내 나잇값 해 가면서 민폐 끼치지 않고. 요즘 그런 생각이 든다. 지금 〈미생〉을 보는 나이대의 독자들과 함께 나이 먹어 가면서 우리 또래의 이야기를 그릴 수는 있겠다고. 어쨌든 이 사람들도 스마트폰을 계속 볼 테니까. 굳이 젊은 작가들의 영역을 탐하지 않아도 조회수에 맞춰 플랫폼에 부담 주지 않는 선에서 고료를 합의하고 안정적으로 생활하며 만화를 그린다면 내 독자층과 오래 함께 갈 수 있을 거다.

> "만화가들은 보다 높은 퀄리티를 목표로 삼아야 한다. 더 좋은 퀄리티를 위해 노력하다 보면 스스로에 대한 확신, 내가 나아갈 길이 보인다."

윤태호 작가

1988년부터 2년 동안 허영만 화실에서 문하생 신분으로 만화를 시작했다. 1993년 잡지 〈월간점프〉에 〈비상착륙〉을 연재하며 데뷔한 뒤, 1998년부터 〈부킹〉에 연재한 〈야후〉가 1999년 '오늘의 우리만화'를 수상하며 인기 만화가로 부상했다. 2002년, 자신의 장인 장모를 모델 삼아 그린 〈로망스〉로 2002년 대한민국출판만화대상을 수상했으며, 2006년 파란에서 연재한 〈첩보대작전〉으로 웹툰에 진출한 뒤, 다음 웹툰에 연재한 〈이끼〉로 2007년 대한민국 만화대상 우수상을 수상했다. 2012년부터 다음에 연재한 〈미생〉이 사회 신드롬에 가까울 정도의 인기를 얻고 2014년 동명의 드라마로 제작되어 역시 큰 인기를 끌면서 명실상부한 한국 최고 인기 작가의 반열에 올랐다. 2015년부터 〈미생〉 시즌 2를 연재 중이며, 2017년부터는 단행본 백 권짜리 교양 만화 프로젝트인 〈오리진〉을 본인이 기획한 플랫폼 '저스툰'에서 연재 중이다. 그 외 세종대학교 만화 애니메이션 학과 교수를 역임했으며, 2017년부터는 사단법인 한국만화가협회 회장직을 수행하고 있다.

윤태호 작가와의 대화는 여러모로 좋은 인사이트를 주는 동시에 내가 생각했던 젊은 만화가들의 현재적 의미와 가치에 대해 어느 정도 재확인 받는 시간이기도 했다. 그 역시 현재 웹툰 세대의 작가들에게서 과거와 단절된 독특한 시대적 위치를 발견하고 이를 걱정하기보단 더 많은 가능성을 기대했다. 또한 꼰대를 지양하되 어른다운 어른이길 바라며 자신의 경험 안에서 조심스레 건넨 제언들은 실제로 지금의 여러 젊은 만화가들과 그 이후 세대에게까지 유효할 만한 것들이었다.

현재 한국 만화계는 그 어느 때도 경험해 보지 못했던 대중화와 다양화, 미디어믹스 혹은 트랜스미디어의 경험, 글로벌 시장과의 연계 등 선례가 없는 시대를 경험 중이다. 이것은 축복이기도 하지만 누적된 경험 없이 이 변화에 맞서 자신들만의 작품과 시대를 만들어 가야 할 젊은 만화가들에게는 외로운 환경이기도 하다. 이들이 한 시절 반짝인 '젊었던' 만화가에 그치지 않고 자신들의 시대를 만들고 또 그 이후 세대로 이어질 유산을 만들어 가기 위해선 윤태호 작가처럼 좋은 선배들의 관심과 조언도 필요하겠지만, 만화를 사랑하는 수많은 독자들의 관심과 애정 역시 필요할 것이다. 이 책에서 만난 다섯 명의 만화가들이 어떤 식으로 자신의 시대와 부딪혀 가며 작가로서의 삶을 살아 내는지 확인한 독자라면 그들이 만들어 갈 한국 만화의 새로운 장의 동반자로서 더 애정 어린 시선을 가져 주길 바라는 바다.

이미 네이버캐스트를 통해 수십 명의 웹툰 작가들을 인터뷰

해 본 경험이 있었지만, 좀 더 업의 본질에 집중하는 동시에 그들의 성취를 동시대 만화의 좌표 안에서 재구성하는 작업은 결코 쉬운 일이 아니었다. 하지만 내가 왜 웹툰으로 대표되는 현재의 만화계에 관심을 가져왔는지 새삼 되새기는 시간이기도 했다. 생업이었던 매체 기자 일을 하며 작업을 하느라 책 발간이 많이 늦어진 것에 대해 남해의봄날 식구들에게 미안한 마음을 전한다. 통영에서 원고를 목 빼고 기다리느라 기린이 된 정은영 대표의 높이 솟은 얼굴을 서울에서도 확인할 수 있었다. 인터뷰이 선정부터 원고의 톤 앤 매너까지 하나하나 상의하고 부딪히느라 고생한 편집자 천혜란 님께도 미안함과 감사함을 전한다. 말은 안 했지만 가끔 나를 압박하기 위해 보내는 카톡 메시지가 실은 본인이 대표님에게 열 번 쪼일 때까지 막아 준 뒤에 하나 보내는 거라는 걸 알고 있었다.

이 길고 길었던 협업의 결과물이 만화와 만화가에 관심을 갖는 여러 독자들과 지망생들을 거쳐 또 다른 젊은 만화가들의 시대로 이어지길 기대한다. ✱

도서출판 남해의봄날 비전북스 어떤 일, 어떤 삶 03
어떤 가치를 위해 어떤 일을 선택하느냐에 따라 우리 삶도 변화합니다.
다양한 분야에서 경력 10년을 넘나드는 젊은 직업인들의 생생한 이야기를 통해
원칙과 철학으로 삶을 더 단단히 만들어가는 역동적인 오늘을 만나보시기 바랍니다.

젊은 만화가에게 묻다
작가의 이야기는 어떻게 독자를 사로잡는가?

초판 1쇄 펴낸날 2017년 12월 25일
초판 2쇄 펴낸날 2022년 4월 29일

인터뷰와 글 위근우
고마운 분들 난다, 이종범, 한지원, 김정연, 이동건, 윤태호

편집인 천혜란 책임편집, 장혜원, 박소희
마케팅 황지영, 이다석
사진 박성영
디자인 로컬앤드

종이와 인쇄 미래상상

펴낸이 정은영 편집인
펴낸곳 남해의봄날
경상남도 통영시 봉수1길 12
전화 055-646-0512 팩스 055-646-0513
이메일 books@namhaebomnal.com
페이스북 /namhaebomnal 인스타그램 @namhaebomnal
블로그 blog.naver.com/namhaebomnal

ISBN 979-11-85823-22-5 04300
978-89-969222-8-5(시리즈)
ⓒ위근우, 2017

남해의봄날에서 펴낸 스물아홉 번째 책을 구입해 주시고, 읽어 주신 독자 여러분께 감사의 마음을
전합니다. 이 책은 저작권법에 따라 보호 받는 저작물이므로 무단 전재와 무단 복제를 금하며,
이 책 내용의 전부 또는 일부를 이용하려면 반드시 저작권자와 남해의봄날 서면 동의를 받아야 합니다.
파본이나 잘못 만들어진 책은 구입하신 곳에서 교환해 드리며 책을 읽은 후 소감이나 의견을
보내 주시면 소중히 받고, 새기겠습니다. 고맙습니다.